예배 사역 핵심 포인트

KB205343

THE 5 KEYS ENGAGING WORSHIP &
SEVEN PROVEN STRATEGIES TO WRITE BETTER SONGS
BY JOHN CHISUM

COPYRIGHT © 2013, 2016 BY JOHN CHISUM

NASHVILLE CHRISTIAN SONGWRITERS INTERNATIONAL LLC. ALL RIGHTS RESERVED.

KOREAN TRANSLATION COPYRIGHT © 2019 BY BETHEL BOOKS

이 책의 한국어판 저작권은 저자와의 협약으로 벧엘북스에 있습니다.
저작권법의 보호를 받는 저작물이므로 무단 전재와 불법 복제를 금합니다.
저자의 견해는 출판사와 다를 수 있습니다.

예배 인도에서 예배곡 작곡까지

예배사역 핵심포인트

존 치섬 지음 / 황성은, 박동원 옮김

예배인도자 폴 발로쉬 강력추천
도브 어워드 수상 아티스트, "내 맘의 눈을 여소서"의 작곡자

"나는 존 치섬이 가진 예배 사역의 탁월한 통찰력을 신뢰하며,
최대한 많은 사람에게 공유되어야 한다고 생각한다.
이 책은 예배를 섬기는 모든 사람이 하나님께 더 가까이 나아가
건강하고 역동적인 교제를 누리도록 돕고, 독자들에게
존이 30년 이상 예배 사역과 음반 산업의 최전선에서
경험한 비결을 아낌없이 제공한다."

이 책을 바칩니다

"알리, 내 지붕이 네가 디딜 바닥이 되기를"

9 요단 강 맞은쪽에 이르러, 엘리야가 엘리사에게 말하였다. 주님께서 나를 데려가시기 전에 내가 네게 어떻게 해주기를 바라느냐? 엘리사는 엘리야에게 스승님이 가지고 계신 능력을 제가 갑절로 받기를 바랍니다 하고 대답하였다. 10 엘리야가 말하였다. 너는 참으로 어려운 것을 요구하는구나. 주님께서 나를 너에게서 데려가시는 것을 네가 보면, 네 소원이 이루어지겠지만, 그렇지 않으면 그것이 이루어지지 않을 것이다. *(왕하 2:9~10 새번역)*

감사의 말

이 책이 나오도록 도움 주신 한분 한분께 감사드립니다. 그분들의 이름을 여기에 다 적어야 하지만 그러지 못해 죄송합니다. 도움 주신 많은 분 중에서 제가 여러 가지 창의적인 시도를 하도록 영향 주신 분들이 있습니다. 제일 먼저 떠오르는 사람은 제 아내 도나입니다. 도나는 저에게 인생과 사랑과 하나님을 더 깊이 알려주었습니다. 도나는 우리가 때때로 매우 어려운 환경에 처할때에도 아무런 결점을 찾을 수 없을 만큼 침착하고 신실했습니다. 물론 도나는 스스로 그렇게 대단하다고 생각하지 않겠지요. 하지만 제가 볼 때 도나는 확실히 우리 가족을 든든히 붙들어 주었고 모두가 의지할 견고한 반석이었습니다. 도나, 고맙습니다. 사랑과 은혜의 띠가 우리를 하나로 묶습니다. 저는 친구들에게 큰 사랑의 빚을 졌습니다. '견고한 반석 사역' 의 모든 운영 위원의 기도와 재정적 헌신과 사랑에 감사드립니다. 리타 그린, 올린 위랜드, 로버트 틸, 로버트 브래너, 바바라 페이트, 행크 밀스, 그리고 짐 리커에게 감사합니다.

- 존 치섬 **JOHN CHISUM**

목 차

1부 매력적인 예배를 위한 5가지 비결

2부 더 좋은 곡을 쓰기 위한 7가지 전략

1 부

매력적인 예배를 위한
5가지 비결

THE 5KEYS TO ENGAGING WORSHIP

황성은 옮김

서론
INTRODUCTION

*"오라 우리가 굽혀 경배하며 우리를 지으신 여호와 앞에 무릎을 꿇
자 (시 95:6)"*

모든 예배 인도의 목적은 우리의 삶이 예배 되게 하는 것이다.
우리는 예배 인도자로서 음악과 아름다운 그림, 글쓰기, 다양한 영
상과 음향 매체, 연극, 소리와 조명 같은 창의적인 예술로 사람들이
하나님과 더 깊은 관계를 맺도록 인도한다. 진리를 전달하는 도구
는 반드시 예술이어야만 하는 것은 아니며 매우 다양하다. 예배 인
도자는 하나님과 사람들의 관계가 깊어지도록 돕는 또 하나의 도구
다. 많은 사람이 하나님 아버지의 마음으로 들어가는 길을 찾는 지
금 이때, 예배 인도자들은 음악을 비롯한 모든 방법으로 회중이 아
버지의 마음으로 들어가도록 인도해야 한다.

어쩌면 사례비를 받는 예배 인도자와 연주자들이 있는 큰 교회
가 아닌 작은 교회에서는 예배의 변화를 위한 이 책의 모든 제안과

전략을 적용하기 어려울 수도 있다. 하지만 소규모 가정 교회부터 큰 교회의 창의적 예술 사역에 이르기까지 이 책에 나오는 내용을 적용하는 한 가지 방법은 이 책에 기록된 변화를 추구하는 헌신적인 예배의 정신과 원칙을 삶으로 실천하는 것이다.

나의 소망은 이 책을 통해 당신과 하나님의 관계가 더 깊어져서 예배 인도라는 역할로 다른 사람 위에 군림하려는 육신의 욕망을 덮어버리는 것이다. 가장 좋은 예배 인도자는 하나님과의 관계에서 한두 가지가 바뀐 사람이 아니라, 머리부터 발끝까지 완전히 변화된 사람이다. 이 책을 통해 제대로 된 예배의 삶을 살고, 좋은 예배자로서 당신이 섬겨야 할 사람들을 바르게 사랑하며, 바르게 예배하는 법을 알려 주길 바란다.

1장 나는 어떻게 예배 인도자가 되었는가?
WHY I AM WORSHIP LEADER

"5 여호와는 나의 산업과 나의 잔의 소득이시니 나의 분깃을 지키시나이다 6 내게 줄로 재어 준 구역은 아름다운 곳에 있음이여 나의 기업이 실로 아름답도다 (시편 16:5-6)"

1976년 8월 7일, 화창한 여름날 새벽 5시에 나는 테네시주 멤피스 윌로우 로드를 따라 차를 운전했다. 아직 만나본 적 없던 체리 로드 침례교회의 십대 그룹과 함께 인디애나주 사우스 밴드에서 열리는 일주일 일정의 부흥 집회로 청소년 성가 여행을 떠날 참이었다. 그렇다고 내가 믿음이 좋은 것은 아니었으며 그저 음악과 노래 부르는 것을 좋아했다. 교회는 학교 밖에서 내 재능을 계발하고 공유할 유일한 곳이었기 때문에 친구 데이비드와 체리 로드 침례교회에서 노래했고 엘비스의 저택 바로 옆 그레이스랜드 교회의 성가대에서는 유급 테너로 참여하면서 일주일에 35달러를 받았는데, 지금 생각하면 정말 부끄럽지만 이 돈을 술과 마약으로 탕진하는 이중적인 삶을 살았다.

차를 타고 체리 로드 침례교회로 가는 길에 절친 데이비드가 미친 듯이 담배를 피우며 운전하는 나를 보고 "만일 교회 목사님들이 네가 담배 피우는 걸 알면 당장 집으로 돌려보낼 거야"라고 경고했다. 나는 속으로 담배 없이 어떻게 일주일을 버틸지 고민했지만, 절친 데이비드의 삶을 극적으로 변화시킨 "예수"가 무엇인지 알고 싶었기 때문에 담배를 버렸고, 교회에 도착해서 재떨이 냄새를 풀풀 풍기며 버스에 올랐다. 내가 만난 첫 번째 사람은 우리의 인솔자인 린^{LYNNE}이라는 오십 대 여성이었다.

린은 내가 버스에 타는 순간부터 관심 있게 지켜보더니 도착지에 가는 열 시간 동안 나에게 계속 질문했다. 나는 그 긴 시간 동안 린이 무슨 질문을 했는지, 또 내가 뭐라고 대답했는지 잘 기억나지 않지만 왠지 린이 편하게 느껴졌다는 것은 분명하게 기억했다. 다음 날 우리 성가대는 사우스 밴드의 한 작은 교회에 들러서 앞으로 부를 곡을 미리 연습하고 연습한 곡으로 그날 밤 공연을 했는데, 예배 참석자가 거의 우리 구성원일 정도로 교회가 작았다. 나는 그저 노래하는 것이 좋았기 때문에 무슨 내용인지도 모르는 찬양을 열심히 따라 불렀다.

린의 복음 전도

예배가 끝나고 린은 나를 불러 옆에 앉힌 후 나를 향한 예수님의 사랑을 설명하기 시작했다. 그녀는 내게 "사영리^{THE FOUR SPIRITUAL LAWS}"라는 작은 책을 읽어주며 예수님을 영접하자고 했다. 나는 아직 예수님이 어떤 분인지 잘 몰랐고 정말 나를 사랑하시는지도 확신할 수 없었지만 린은 나에게 내가 느끼는 것과 상관없이 예수님께서 이미 나

를 사랑하신다고 말해 주었다. 솔직히 나는 예수님께서 나를 사랑
하신다는 것이 믿어지지 않았다. 왜냐하면 나는 술도 많이 마시고
담배도 피웠으며 마약도 손을 댔고 종종 자살도 생각했다. 당시 내
가 듣던 밴드 음악은 자살을 우울한 삶의 해결책으로 미화했고 그런
노래를 부른 유명 음악가들이 실제로 자살하기도 했다. 나는 자주
삶의 의욕을 상실하고 손에 잡히는 데로 술을 마신 후 위험천만한
음주 운전을 했기 때문에 스스로 오래 살기 힘들겠다고 생각했다.

　린이 소책자를 다 읽어 준 후 나에게 기도하기 원하는지 묻자 비
로소 내 마음이 쿵쿵 뛰기 시작했다. 마치 누군가 내 마음에 "존, 기
도할 거니 말 거니? 어떻게 할 거야?" 하고 묻는 것 같았다. 내 마음
속으로 "항복하겠습니다." 라고 대답해야 한다는 마음이 들었다.
나는 그저 노래하는 것이 좋았기 때문에 그 순간 고민했지만 결국
'네' 라고 대답했다. 나는 그저 린의 수고를 헛되게 하고 싶지 않아
서 그렇게 대답한 것이 아니었으며 비록 정확하게 무엇이 변할지 몰
랐지만 내 대답이 진정한 변화의 시작이라는 것을 분명히 알았다.
내 회심을 다시 생각할 때면, 존 돈^{JOHN DONNE}의 시 "내 마음을 깨트리소
서, 삼위일체 하나님" 의 한 부분이 떠오르곤 한다.

　저는 진실로 당신을 사랑하고 사랑받고 싶지만, 당신의 원수와 이
　미 약혼했습니다. 내가 원수와 이혼하고, 풀려나게 하시고 또다시
　묶이지 않게 하시며, 저를 가두소서. 당신이 저를 가두지 않으시면
　절대 자유로울 수도, 순결할 수도 없습니다.

존 돈의 시에는 Ravish라는 단어가 나오는데, 이 단어는 완전히 압도당했다는 의미다. 내가 주님께 항복하고 순종한 순간, 완전한 사랑이 날 덮었고 믿을 수 없을 만큼 좋은 무언가에 전염된 것 같았으며, 놀라운 사랑의 운반자요 전파자가 되었음을 느꼈다. 내 인생은 어둠 그 자체였지만 그리스도에게서 임한 황홀한 사랑이 어둠의 묶임을 끊고 나를 주님께 이끌었고, 나는 주님의 것이 되었다. 나는 살면서 진정한 사랑을 느껴본 적이 없었다. 내가 경험한 회심은 쉽고 가벼운 결단이 아니라 이전의 삶과 결별하고 내 모든 의지를 다 해 주님만 따라가는 초자연적이었다. 나는 인생의 나머지 시간을 다른 사람을 돕는 데 사용하고 싶었다.

내가 속한 청소년 선교 여행팀이 이웃의 어린이들을 위해 방학 동안 여름 성경 학교 캠프를 열었고 나는 이 일정 내내 예수님만 높였다. 선교 여행을 마치고 집으로 돌아온 후에도 린은 나를 제자 삼아서 말씀으로 양육했고 나는 예수님을 믿지 않았던 친구들과 즐겼던 저주스럽고 중독적인 옛사람의 삶에서 떠났다. 그리스도께 내 마음을 드렸을 때 나는 주님을 섬기며 살고 싶었다. 음악을 좋아했기 때문에 내 목소리로 주님을 위해 노래하길 원했다. 1970년대 미국은 정치, 사회적으로 큰 격변이 있었지만 청소년 선교 여행에서 나에게 일어난 개인적 변화에 비하면 아무것도 아니었다.

구운 치즈와 피클

린은 소중한 친구이자 영적인 어머니가 되어 나를 친 아들처럼 보살펴 주었으며 성경과 믿음과 거룩함이 무엇인지 가르쳐 주었다.

하나님은 린을 사용하셔서 내 영혼을 지옥에서 끌어내셨다. 린은 내 은사를 발견하고 세워 주었으며 하나님을 섬기는 것이 무엇인지 차근차근 가르쳐 주었다. 어느 날 린은 부엌에서 구운 치즈와 피클로 만든 샌드위치, 그리고 달콤한 홍차를 주면서 내 음악 재능으로 많은 사람을 예수 그리스도께 인도하는 노래를 만들면 어떻겠냐고 조언했다. 내 삶을 향한 하나님의 부르심을 발견하고, 인정해 주면서 격려해 준 린의 조언은 내 마음에 한 알의 씨앗이 되어 나를 예배 인도자로 만들었다. 린은 나에게 성경학교에 입학해서 전임 사역자가 되라고 조언했다. 린은 나를 전적으로 신뢰했고 새로운 삶의 출발점을 만들어 주었다. 안타깝게도 지금 린은 주님 곁에 있지만 나는 린이 베푼 사랑과 격려에 감사하며 절대 잊지 않을 것이다.

1970년대 초에 은사 주의 개혁 운동인 "예수 운동JESUS PEOPLE MOVEMENT" 이 일어나면서 내가 살던 곳 근처 몇 교회가 청소년, 청년 예배 때 기타와 드럼을 사용하기 시작했다. 이 새로운 예배 형식은 말 그대로 혁명적이었으며 내 안에 그들과 함께하고 싶은 마음이 간절했다. 나는 그리스도를 향한 믿음을 표현하는 곡을 썼고 멤피스 지역 교회를 순회하며 콘서트를 열었다.

1978년, 나는 오클라호마주 툴사에 있는 성경학교에 들어갔고 2년 후 사랑하는 아내 도나와 결혼했다. 결혼 생활을 시작할 때 우리는 고작 40달러가 전 재산이었으며 그 돈으로는 살 곳을 구할 수 없었기 때문에 사역지를 찾던 중 연결된 한 교회에서 일하게 됐지만, 어처구니없게도 첫날 해고당했다. 하지만 하나님은 우리 부부가 살 수 있는 장소를 주셨고 나는 새벽 3시에 일어나 신문을 배달했으며,

아내는 그래픽 관련 일을 했다. 그 힘든 시기에도 나는 신문을 배달하거나 차를 타고 이동하면서 틈틈이 꽤 많은 곡을 썼는데, 마침내 서던 가스펠[1] 제작자 라리 고스LARI GOSS를 만났다. 내가 쓴 가사에 라리 고스가 곡을 붙여 첫 번째 노래를 녹음했다.

놀랍게도 당시에 매우 유명한 찬양사역자이며 우리도 잘 아는 "살아계신 주"를 만든 빌 게이더BILL GAITHER[2]가 내 노래를 듣고 나를 불러 자신이 세운 새 음악 기획사인 스타 송 커뮤니케이션즈와 저작권 계약을 맺자고 했다. 나는 수년간 이 회사의 직원으로 일했으며 내가 쓴 15곡의 노래가 다양한 가수를 통해 녹음되었다. 그때는 기독교 음악이 막 시작되던 초창기이며 에이미 그랜트와 마이클 W. 스미스 같은 유명한 음악가들이 막 등장할 때였다. 나는 빌 게이더의 회사에서 꾸준히 경력을 쌓았고 결국 부사장이 되었다. 하지만 옆에서 볼 때는 내가 직업적으로 승승장구하는 것 같았지만, 내면 깊은 곳에 점점 문제가 생기기 시작했다. 우울하고 비통한 감정이 나를 사로잡았고 아내와의 결혼 생활도 점점 활력을 잃었다. 하지만 그때, 하나님의 무한한 지혜가 내 삶에 개입했다.

문 앞에 엎드린 죄를 주의하라

창세기 4:7에 기록된 것처럼 마귀는 우리가 선을 행하지 않을 때를 포착하여 죄를 짓도록 기다리다 우리의 삶을 나락으로 끌어내리고 결국 죽음에 이르도록 등을 떠민다. 만일 내 아내 도나를 통해 하

---

1. 백인 위주의 컨트리 음악 풍의 찬양
2. 빌 게이더 (BILL GAITHER, 1936~현재) : "살아계신 주"의 작사/작곡가. 빌 게이더 트리오 및 게이더 보컬 밴드 등의 보컬 팀을 조직하여 꾸준히 사역했다.

나님의 은총이 역사하지 않았다면 나는 절대 그 힘든 시간을 헤쳐 나오지 못했을 것이다. 누구도 내 아내 도나 만큼 나에게 하나님의 조건 없는 사랑을 가르쳐준 사람은 없다. 삶의 힘든 시간이 지속하는 동안 나는 사역뿐만 아니라 사랑하는 아내까지 모두 잃어버리는 것은 아닐까 생각했다. 하지만 하나님은 깊은 예배를 통해 내가 이전에 경험하지 못한 더 깊고 충만한 하나님의 사랑을 새롭게 체험하게 하셨으며 예배로 삶이 회복되었고 예배가 깊어질수록 마음속 자아가 더 많이 깨어졌으며 동시에 내 영혼의 가장 깊은 곳에서부터 참된 예배가 올라왔다.

나는 이 과정에서 마음의 깨어짐과 깊은 예배가 함께 한다는 것을 깨달았다. 성경에 말씀하시기를 주님은 겸손한 자에게 은혜를 주시고(약 4:6), 마음이 상한 자를 가까이하시며(시 34:18), 상하고 통회하는 심령을 멸시하지 않으신다고 하는데(시 51:17), 당시의 나에게 이 모든 은혜가 다 있었다. 내 모든 자존심이 완전히 무너졌을 때 마침내 주님께서 나를 만나 주셨으며 내 안에서 새 노래가 흘러나왔다. 나는 그것을 놓치지 않고 수십 곡의 찬양을 썼으며 많은 곡이 음반에 녹음되었다. 이것은 하나님의 은혜와 자비가 내 삶에 부어진 결과이며, 이 모든 것이 하나님께서 하신 일이었다.

노래 그 이상의 것

1992년, 인테그리티 뮤직은 나를 "작곡 관리자"[SONG DEVELOPMENT MANAGER]로 고용했고 덕분에 단 모언[DON MOEN], 린 드샤조[LYNN DESHAZO], 제이미 하빌[JAMIE HARVILL], 게리 새들러[GARY SADLER], 롼 크놀리[RON KENOLY], 낸시 고든[NANCY GORDON], 폴 발

로쉬^{PAUL BALOCHE} 등 많은 유명한 예배 인도자와 일하는 특권을 누렸다. 1994년, 나는 인테그리티 뮤직에서 "Firm Foundation"이라는 첫 공식 앨범을 발표했다. 이 앨범의 표지 제목이자 주제곡인 "예수 나의 굳건한 반석"의 가사가 내 마음을 사로잡았다. 이 노래는 내 사역의 모든 영역에 오직 예수님만 견고한 반석이심을 선포했다. 하나님은 나의 첫 예배 앨범을 통해 많은 사람을 치유하셨으며 앨범은 그 이름대로 내 사역의 든든한 밑바탕이 되었고 나는 오늘까지 계속해서 예배를 인도하며 곡을 쓰고 있다.

주님은 우리가 마음을 활짝 열고 주님께서 주시는 온전한 선물을 받기를 원하신다. 우리의 참된 행복을 위해 예수님께서 값을 치르셨다. 나는 예배가 우리를 하나님과 연합시키며 우리의 영혼을 치유하는지를 곡으로 만들어 노래하는 것을 좋아한다. 나는 신자들의 삶에 하나님과 개인적으로 친밀하게 교제하며 은혜를 체험하고, 홀로 영광 받으시기 합당한 하나님만 찬양하는 것 외에 다른 더 큰 삶의 목적은 없다고 믿는다.

나는 주님의 몸 된 교회가 예배의 행위를 넘어서 하나님과 더 깊이 교제하기를 원한다. 누구든 좋아하는 음악 형식에 열정이 있기 때문에 간혹 하나님이 아닌 좋아하는 음악 형식에 심취하는 것을 하나님께 예배하는 것으로 혼동할 때가 있다. 하나님과의 친밀한 관계는 음악으로 다 표현할 수 없으며 사실 음악에 의존할 수 없는 내면의 영역이다. 예배는 삶 그 자체이다. 당신은 어떤가? 당신의 예배는 그리스도의 희생으로 얻은 놀라운 구원과 참된 변화에 감격하며 하나님께 영광 돌리는 것인가 아니면 그저 당신의 재능을 썩히기는 아깝고 기왕이면 먹고살아야 하니 형식적으로 예배하는 것인가? 교회는 당신이 참된 예배를 드리도록 부름 받은 곳인가 아니면 당신의 재능을 마음껏 뽐내려고 공연하는 곳인가? 하나님과 개인적이고 친밀한 예배 없이 그저 회중 찬양으로 만족하는 것은 아닌가?

바울은 고린도전서 13:4에 사랑은 절대 시기하지 않는다고 기록했다. 참된 예배 인도자는 절대 다른 예배 인도자들을 시기하고 질투하지 않는다. 우리가 하나님 안에서 다른 사람들을 성실하고 겸손하게 섬기면 하나님께서 축복하신다. 예배 인도를 10이라는 숫자로 표현할 때 음악은 1일뿐이며 나머지 9의 영역은 자기를 부인하고 제자도를 추구하며 예배를 인도하기에 합당하게 스스로 준비하고 하나님의 사랑을 무조건적으로 의지하는 것이다. 당신은 이 모든 것에 준비되어 있는가?

하나님께 드려진 삶은 칠흑같은 어둠을 통과하는 사람들이 보고 따라올 수 있는 등대가 된다. 내가 젊었을 때 하나님께 이끌어준 린처럼 당신도 교회 안에 믿음이 연약한 아이들에게 하나님의 음성을 전달하는 통로가 되어, 격려하고 용기를 북돋아 주며 어려움을 겪는 목회자나 사역자를 위한 평화의 도구가 될 수 있다. 우리도 모르는 사이에 많은 사람이 내적으로 외적으로 점점 지치고 메말라 간다. 당신이 참된 예배자라면 기타와 키보드가 있든 없든 다양한 방식으로 그리스도를 증거 해야 한다.

세상은 새로운 노래가 아니라 새로운 사람들이 필요하다. 나는 하나님께서 당신의 마음을 만지시고 마음 눈을 여서서 이전과 다른 새롭고 신선한 예배를 하나님께 올려드리길 기도한다. 나는 당신이 하나님을 찬양하려고 무대에 오르기 전에 삶에서 하나님과의 친밀하고 개인적인 예배로 변화되는 것이 먼저라고 생각한다.

나는 당신이 이 책을 통해 더 효과적인 예배 인도자가 되기를 바라며 무엇보다 당신의 개인적인 친밀한 예배가 더욱더 강해지는 계기가 되고 당신의 삶을 계속해서 더 좋은 방향으로 이끄시고 변화시키시는 하나님의 은혜를 따라 살기를 소망한다.

"하나님께 드려진 삶은
칠흑같은 어둠을 통과하는 사람들이 보고
따라올 수 있는 등대가 된다."

2장 매력적인 예배를 위한 5가지 비결
THE FIVE KEYS TO ENGAGING WORSHIP

만일 회중이 아무도 노래하지 않는다면, 그 예배팀이 얼마나 좋은 지는 아무 의미가 없다. - 마이클 윌터스

많은 사람이 교회 예배에서 노래를 인도한다. 그 노래 인도는 효과적일까? 과연 무엇이 효과적인 예배 인도일까? 우리의 예배는 회중이 참여하고 싶은 매력적인 예배일까? 예배는 음악에 속한 것일까? 예배에서 당신의 가장 큰 걱정거리는 무엇인가? 사람들 앞에 서는 것, 고음을 잘 내는 것, 예배 곡의 가사를 잊어버리지 않는 것인가? 오래된 격언에 "준비한 학생에게 좋은 교사가 나타날 것이다"라는 말이 있다. 예수님은 요한복음 15장에서 우리에게 성령님께서 오셔서 우리를 가르치시고 도우시며 위로자가 되실 것이라고 말씀하셨다. 만일 우리에게 배우려는 마음^{TEACHABLE SPIRIT}이 있다면, 성령님께서 우리를 친히 가르치시고 또 좋은 교사도 보내 주신다.

매 순간 수천 명의 새로운 예배 인도자가 예배 인도에 뛰어든다. 예배 인도의 영역에서 당신이 어디에 누구와 있든, 어떤 모습이든 간에 당신은 혼자가 아니다. 많은 예배 인도자가 자기 직업을 가지고 자비량으로 사역한다. 현대 예배의 최첨단을 추구하는 젊은 교회들은 신학교에서 파이프 오르간을 전공한 연주자와 성가대 지휘자보다 예배 인도자 잡지에 잘 분류된 구인광고를 보고 어쿠스틱 기타나 일렉 기타, 전자 키보드를 연주하면서 열정적으로 예배를 인도하는 젊은 사역자를 찾는다. 하지만, 예배 인도에서 음악 능력은 기초적인 영역이다. 우리가 자비량이든 사례비를 받든, 바른 예배 인도자로 섬기려면 탁월한 지도력과 영적인 민감성을 가져야 한다. 당신이 예배 인도자라면 회중이 하나님을 예배하도록 효과적으로 인도하는 것에 최고가 되라. 나는 예배 인도자를 위한 5가지 비결이 예배 인도자에게 큰 도움이 될 것이라고 믿는다.

변화를 추구하는 예배 인도자가 되라

효과적인 판매 기법은 사람들에게 특정 제품이 필요하다고 믿게 만든다. 하지만 실제로 그 제품이 필요한지는 별개의 문제이기 때문에 판매자들은 사람들이 제품을 구매하면 전보다 더 좋아질 것이라고 설득한다. 나 역시 이 책을 쓰면서 판매의 유혹을 받았다. 이 책이 일종의 "예배 비법"처럼 예배 인도자나 예배팀원은 필수적으로 사야 하며 그렇지 않으면 당신의 예배 인도는 부모님만 좋아할 것이라는 내용을 넣고 싶었다. 특히 "변화를 추구하는 예배 인도자"라는 표현은 이 책이 더 매력적으로 느껴지게 한다. 하지만 예배 인도뿐만 아니라 모든 하나님의 부르심에서 사람들이 관심을 두는 "특별한 비법"의 문제는 결국 자신이 원하는 것을 얻지 못할 뿐만 아니라 이전보다 더 주눅들게 하고 위축시킨다는 사실이다. 왜 우리는 지금 있는 짐에 또 다른 짐을 더해야 하는가?

내 인생에는 탁월한 스승들이 있었다. 나는 유명한 치유 전도자에게 믿음과 신앙을 배웠으며, 유명한 작곡가에게 좋은 곡 쓰는 법을 배웠고, 성공적인 음반 기획사에서 음반 기획을, 신학 교수에게서 신학을, 유명한 설교자에게서 설교하는 법을, 세계적인 예배 인도자들에게 예배 인도를 배웠다. 나를 지도한 탁월한 지도자들에게는 공통된 특징이 있었다. 그들은 일반적인 사람들보다 더 철저하게 삶의 우선순위와 원칙을 정했다. 이런 분명한 우선순위와 원칙이 평범한 사람을 지도자로 만들었다. 그래서 나에게 변화^{TRANSFORMATIONAL}라는 단어가 주는 의미는 "지도자의 조언을 따르는 것"이다. 우리는 탁월한 지도자와 함께 배우고 성장하며 자신을 고쳐가야 한다.

사람은 대부분 지도자의 말 때문이 아니라 지도자와 함께한 경험 때문에 변화된다. 만일 우리가 멘토들에게 받은 최고의 것을 잘 섞어서 적용할 수 있다면 얼마나 좋을까? 마치 공상과학 영화처럼 멘토들의 DNA를 복제해서 우리에게 주입하면 우리도 순식간에 그들처럼 변할 수 있을까? 삶의 성숙과 변화가 쉽다면 정말 좋겠지만, 좋은 지도자가 되는 것은 사실 매우 어렵고 힘든 일이다. 탁월한 지도자들은 각자의 부르심을 따라 나름의 대가를 지불했다. 만일 훌륭한 지도자가 되기 쉽다면 세상 모든 사람이 다 지도자가 되었을 것이다. 그렇지 않은가? 나는 이 책에서 예배 인도를 위한 쉬운 답과 빠른 해결책을 제시하지 않을 것이다. 당신이 지금 이 책을 처음부터 끝까지 한 번에 다 읽는다고 해서 도시와 지역과 나라를 변화시키는 엄청난 일은 일어나지 않겠지만 이 책에 나온 원칙들이 당신을 올바른 방향으로 인도해서 더 좋은 예배 인도자와 지도자가 되게 할 것이다. 나는 삶을 다해 많은 탁월한 지도자에게 배운 것을 최대한 예배 인도의 영역에 적용하려고 최선을 다해 노력했다. 이 책에 쓴 내용은 내가 직접 지역 교회의 예배 사역을 섬기면서 경험하고 배운 것이다.

이 책에 나오는 중요한 원칙들은 시간이 지날수록 흐려지지 않고 우리 안에 더욱 단단히 뿌리내릴 것이다. 지도력의 성장은 계획된 대로 안전하게 진행되지 않으며 때로는 위험을 감수하고 때로는 실패하면서 조금씩 성장한다. 이제 막 걸음마를 시작한 아기는 처음 몇 걸음 후 넘어지지만, 또다시 일어나 걷는 것처럼 우리도 실패의 두려움 앞에서 물러서지 않고 위험을 감수하면 이전보다 더 많은 것을 배우고 더 많이 승리할 것이며 이것이 우리가 성장하는 바른 방식이다. 어린 아기처럼 천천히 하나하나 단계를 밟으며 예배 인도자로서 효과적인 자질과 기술을 개발해 보자. 무엇보다 가장 중요한 것은 당신이 일단 실천하는 것이다. 내가 생각하는 "매력적인 예배를 위한 5가지 비결"은 다음과 같다.

1. 영적인 열정
2. 조직 구성과 체계화
3. 관계
4. 개인적 성장
5. 살아있는 지도력

당신이 이 5가지 비결을 모두 추구해야 하나님께서 당신에게 주신 지도력과 잠재력이 건강하게 개발된다. 당신이 5가지 비결을 무시하는 것은 성장하고 싶지 않다는 의미이며 당신의 잠재력을 낭비하는 것이다. 우리를 향한 하나님의 뜻은 하나님께서 주신 잠재력을 묻어두지 않고 하나님의 영광을 위해 적절히 사용하는 것이다. 하나님께서 우리 삶에 부어주신 축복은 다른 사람을 섬기도록 주신 것이다. 우리에게 주신 것으로 다른 사람을 섬기는 것, 이것이 인생의 참된 성공의 비결이다. 앞으로 5가지 비결을 하나하나 살펴보고 어떻게 우리 삶에 적용할지 같이 고민해 보자.

우리가 영적인 사람이 되려면 어떻게 해야 할까? 사실 우리는 힘들고 어렵게, 오랜 시간이 걸려서 영적인 사람이 되고 싶어 하지 않는다. 그러나 실상은 우리의 생각과 기대와 다르게 느리고 때로는 엉성하며 성공보다 실패에서 더 많은 것을 배운다. 그래서 우리는 새로운 영적인 기술을 삶에 적용하려고 애쓰기보다는 영적인 삶을 향한 태도를 고치는 것이 더 쉽게 영적인 삶을 누리는 비결이다. 윌리엄 셰익스피어는 이런 말을 했다. "만일 당신에게 미덕[VIRTUE]이 없는 것처럼 느껴진다면 미덕이 있다고 가정해 보라." 우리의 삶과 사역에 힘들고 어려운 부분에 계속해서 집중하고 부정적인 생각과 느낌에 사로잡히는 것은 우리의 상태를 더 나쁘게 만들지만, 우리가 고민하는 영역을 놓고 긍정적인 측면을 의도적으로 계속해서 생각하는 연습은 우리의 성장에 좋은 영향을 끼친다.

나는 재능 있는 예배 인도자들이 시작은 좋았으나 이 5가지 영역에 문제가 생겨서 마지막을 아쉽게 끝내는 모습을 자주 보았다. 당신이 5가지 영역을 잘하고 못하는지 어떻게 알 수 있나? 기준은 단순하다. 당신이 섬기도록 부름을 받은 영역에 영적인 열정이 얼마나 불타오르는가? 당신은 개인적인 성장이나 다른 사람과의 관계에서 원하는 만큼 성공적인가? 당신의 예배팀을 조직하고 체계화하는 데 문제는 없는가? 더 좋은 지도력의 개발을 위해 얼마나 노력하는가? 당신은 왜 예배 인도자가 되었는가? 다른 사람보다 하나님을 조금 더 사랑하고, 평범한 사람들보다 노래나 기타, 키보드를 조금 더 연주하기 때문이라고 생각하는가?

오늘날의 공연 중심적인 교회PERFORMANCE-ORIENTED CHURCH는 음악적인 기량과 예배 인도가 같은 것이라고 착각한다. 그러나 예배 인도는 하나님의 부르심이며 예배 인도자의 재능을 하나님의 권능 앞에 순복 시켜 하나님께서 인도자를 사용하여 예배를 인도하시도록 하는 것이다. 당신이 예배 사역의 부르심에 확신이 없으면 금세 지치고 실망한다. 결국, "부르심"이 비결이다. 에베소서 4:1에서 바울은 에베소 교회의 젊은 지도자들을 향해 하나님의 부르심에 합당하게 살라고 권면한다. 헬라어로 부르심은 누군가를 어떤 특별한 목적이나 임무를 위해 불렀다는 의미이다. 베드로는 하나님께서 우리를 택하신 족속, 왕 같은 제사장, 이 땅에서 숨겨진 거룩한 하나님 나라요 소유된 백성으로서 하나님의 영광을 나타내도록 부르심을 받았다고 강조한다. 예배 인도자들은 단순히 노래하는데 만족하지 말고 그리스도 안에서 거룩한 하나님 나라가 되도록 부름 받았다는 것을 이해하고 삶으로 살아내야 한다.

바울은 모든 신자가 하나님의 부르심을 받았지만 에베소서

4:11,12에 하나님께서 교회에 주신 독특한 선물인 사도와 선지자, 복음 전도자, 목사와 교사라는 다섯 직분이 있음을 언급한다. 이 다섯 직분의 목적은 "성도가 사역을 섬길 수 있도록 준비시키는 것"이다. 비록 이 구절에 예배 인도자라는 역할은 없지만, 나는 이 다섯 직분의 역할과 예배 인도자의 역할이 크게 다르지 않다고 생각한다. 예배 인도자는 음악과 창조적인 예술로 사람들이 하나님의 임재를 경험하는 자리로 인도하도록 부르심 받았다. 하나님께서 당신을 예배 인도자로 부르셨다. 당신의 삶이 당신의 예배다. 진정한 예배는 가족과 교회와 친구들과 어우러져 사는 생활 전체를 말한다. 삶의 모든 순간에 역사하시는 하나님의 임재 안에서 누리는 친밀한 교제를 유지하라. 당신의 삶을 모두 드려 하나님의 사랑을 추구하고 그 사랑이 주변으로 흘러가게 하라.

우리는 사람들이 예배 시간에만 예배드리는 것이 아니라 삶 전체로 예배하도록 인도해야 한다. 때로는 당신이 노래하거나 음악 재능을 사용하는 것이 신실한 삶의 예배보다 더 중요하게 느껴지겠지만 당신이 예배 인도자로 부름 받은 진짜 이유는 삶의 예배 때문이다. 예배 인도는 단지 목사님의 설교 전에 사람들이 집중하도록 좋은 노래를 부르는 것이 아니다. 예배 인도는 회중이 하나님의 함께 하심을 실제로 느끼도록 돕는 일이다. 예배 속의 모든 노래와 말씀은 회중이 하나님의 임재를 경험하도록 도와야 한다. 당신의 재능을 성령님께 맡기면, 성령님께서 당신을 "변화를 추구하는 예배 인도자"로 만드실 것이다. 당신의 삶을 하나님께 산 제사로 드리고 나머지는 주님께 맡겨라.

3장 첫 번째 비결 : 영적인 열정
KEY ONE : SPIRITUAL PASSION

교회가 잃어버린 능력을 되찾으려면 열린 하늘로 하나님께서 주시는 개혁의 비전TRANSFORMING VISION OF GOD을 받아야 한다. - A. W 토저

많은 신자가 특별한 사람에게만 유혹이 찾아온다고 생각한다. 하지만 특별하고 탁월한 사람만 유혹에 빠지는 것이 아니라 우리 모두 유혹에 빠질 수 있다. 우리는 결혼이 파탄 나고 사역을 내려놓은 목회자들과 상처받은 마음으로 교회를 떠난 예배 인도자들, 그리고 교회 일 때문에 소진된 신자들의 이야기를 수도 없이 듣는다. 이 사람들에게 도대체 무슨 일이 일어난 걸까? 이런 비극적인 일에는 다양한 원인이 있지만, 핵심적인 이유는 삶에 영적인 열정을 유지하지 못했다는 점이다. 나는 하나님을 향한 열정을 유지하는 것이 얼마나 어려운지 직접 경험했기 때문에 이 문제를 잘 안다. 사실 영적인 열정을 지속해서 유지하는 것은 성도들과 사역에 종사하는 모든 헌신자와 회중을 인도하는 책임을 맡은 예배 인도자들에게 가장 큰 숙제이자 도전이다.

아마도 당신은 사탄이 최초의 예배 인도자였다는 이야기(겔 28:12~19)를 들어 보았을 것이다. 이 해석을 놓고 신학자들 사이에 논쟁이 있지만 우리는 성경의 묘사를 통해 이 이야기의 흐름을 유추할 수 있다. 사탄은 교만의 극치에 이르기 전에 천군 천사들의 예배 인도자였지만 교만으로 천사 3분의 1을 미혹하여 결국 같이 지옥으로 떨어졌다. 사탄의 최후는 영원한 불 못에 봉인되는 것이지만, 최후의 결말 전 잠시 하나님의 자녀들을 멸망의 구렁텅이로 밀어 넣으려고 한다. 사탄은 한 명의 탁월한 지도자가 실패하면 그를 따르는 많은 사람이 실패한다는 것을 알고 하나님을 섬기는 지도자를 타락시키는 것을 좋아한다. 지난 시간 동안 미국에서 유명한 지도자들의 타락이 큰 문제가 되었다. 짐 베이커(미국의 초기 복음 전도자, 불륜으로 가정을 잃음.), 지미 스웨거트(미국의 방송 복음 전도자 및 찬양사역자, 성매매 및 불륜으로 교단에서 축출됨.), 테드 해거드(뉴라이프 교회의 담임목사, 동성애에 빠진 사람들에게 전도하다가 자신도 동성애자가 되었음)를 보라. 하나님을 섬기던 사람이 하나님의 이름을 부끄럽게 하는 존재가 되었다.

나는 앞서 열거한 사람들을 방어할 생각이 없다. 하지만 분명한 사실은 이 사람들이 원수의 표적이 되었다는 점이다. 사람들을 하나님께 인도하도록 부름 받은 수많은 신자와 사역자가 그 부르심을 시작하기도 전에 원수의 공격으로 사역을 펼치지도 못하고 퇴장한다. 우리는 우리의 마음을 빼앗으려는 치열한 전쟁터 한가운데 서 있다. 성경은 우리에게 영적인 열정을 담는 마음을 지키라고 명령한다.(잠 4:22) 사람들을 하나님께 인도하도록 부름 받은 선교사와 목사, 교회학교 선생님과 믿음의 교사, 담대한 사업가들이 삶에 열정을 유지하려고 치열히 싸운다. 우리는 이 용맹한 사람들의 이름을 모두 알 수 없지만 분명한 것은 그중에 당신의 이름도 포함된다.

결혼 생활에서 열정은 관계유지를 위한 요소로서 남편과 아내가 서로 뜨겁게 사랑하면 그 관계를 깨트릴 수 없는 것처럼 믿음과 신앙도 우리를 향한 그리스도의 열정적인 사랑과 그리스도를 향한 우리의 뜨거운 열정이 매우 중요하다. 문제는 우리를 향한 주님의 열정은 끝이 없지만 주님을 향한 우리의 열정은 안타깝게도 환경과 건강, 감정과 제자도의 깊이에 따라 자주 바뀐다는 점이다. 우리를 끝없는 열정으로 사랑하시는 예수님의 소망은 우리가 변화되어 주님을 본받아 변화되는 것이다. 영적인 열정의 목적은 우리가 주님의 은혜로 변화되어 주님과 함께 세상을 변화시키는 것이다.

영적인 열정의 변화

많은 예배 인도자가 예수님을 향한 뜨거운 열정이 필요하다고 고백하지만 안타깝게도 예배 인도자의 역할을 제대로 시작하기도 전에 실망 속에 부르심을 내려놓을 준비를 한다. 처음은 이제 막 결혼한 신혼부부처럼 하나님을 향한 열정적인 사랑으로 모든 것을 이기겠다고 다짐하지만, 그 열정을 제대로 사용하는 방법을 모른 체 그저 지역 교회에서 열심히 일하면 된다고 생각한다. 그리고 이 열정은 얼마 후 극심한 피로감과 실망감으로 변한다. 어떻게 해야 예배 인도자들이 영적으로 신선한 상태를 유지하면서 순수한 마음으로 꾸준히 하나님을 추구할 수 있을까? 너무 단순해서 많은 예배 인도자가 놓치는, 영적 열정을 뜨겁게 유지하는 방법은 다음과 같다.

1. 개인적인 예배와 기도
2. 하나님의 말씀을 추구하기
3. 신실한 믿음의 친구들과 교제하고 예배하기

1. 개인적인 예배와 기도

당신과 주님의 첫사랑이 어떻게 시작됐는지 기억하는가? 신자는 구원을 통해 주님을 향한 개인적인 믿음의 여정을 시작한다. 때로는 회심의 장소가 회중 집회일 때도 있지만 여전히 당신을 향한 하나님의 구원은 개인적이다. 구원 이후 신자는 그리스도 안에서 영적인 감각을 개발하면서 개인적인 삶의 예배를 통해 그리스도를 깊이 체험하면서 주님을 향한 사랑이 더욱 깊어진다. 지금 이 책을 읽는 여러분이 만일 예배 인도자라면 이렇게 질문하고 싶다. "삶에서 주님과 친밀한 개인적 예배를 드리는가?" 안타깝게도 우리는 개인적 예배의 중요성을 자주 잊고 주일 예배로 충분하다고 착각하지만, 사실은 전혀 그렇지 않다. 우리가 예배 인도자로서 주일 예배를 섬기는 것은 공적인 예배다. 공적인 예배와 개인적 예배는 다르다.

각 개인이 주중에 주님과 친밀한 교제를 나누고 충만한 마음으로 주일에 모여 예배할 때 그 공적인 예배는 정말 강력하다. 만일 회중으로 모이는 각 개인이 주중에 예배의 삶을 살지 않으면 텅 빈 마음으로 간신히 주일 예배에 나온다. 우리가 주중에 하나님의 임재 안에 살지 않으면 주일에 모여 같이 예배하면서 하나님의 은혜가 가득한 임재로 나아가기 어렵다. 당신이 예배 인도자라면 공허한 마음으로 예배에 나온 회중을 인도하는 것이 매우 힘들다는 것을 이해할 것이다. 다시 말하지만, 공적인 예배만으로 충분하지 않으며 삶이 예배 되어야 한다.

어떻게 하면 일상생활을 하나님께 드리는 예배로 만들 수 있을까? 내 친구인 철인 3종 경기 선수 게이브가 나에게 어떻게 운동해야 효과적인지 알려주었다. 나는 게이브의 조언을 절대 잊을 수 없다. "존, 나는 사람들이 삶에서 가장 중요하다고 생각하는 것을 위해 시간을 투자한다고 생각해. 나는 철인 3종 경기 선수이고 나에게는 운동이 제일 중요하기 때문에 개인 시간은 거의 운동으로 채워져 있어." 철인 3종 경기 선수에게 제일 중요한 것은 운동이며 게이브는 운동을 위해 많은 것을 포기했다. 우리는 게이브의 운동을 향한 열정에서 좋은 교훈을 얻는다. 게이브가 육신의 건강을 위해 다른 것을 내려놓고 운동에 집중한 것처럼 우리도 영적으로 건강해지려면 개인 예배를 위해 삶의 다른 것을 정리해야 한다. 이것은 분명히 도전적이고 어려운 일이지만 하나님과 친밀한 시간을 보내는 것은 그 무엇과도, 그 누구와도 바꿀 수 없다.

하나님께 친밀한 개인적 예배를 드리기에 좋은 시간의 정해진 기준은 없다. 고요한 아침 시간이나 아이들이 잠든 한밤중이 좋을 수도 있고 혼자 운전을 할 때나 공원을 산책할 때도 나쁘지 않다. 하지만 특정한 시간이라는 또 하나의 "공식"보다 중요한 것은 매일 단 몇 분 만이라도 예수님과 친밀하고 개인적인 예배의 시간을 꾸준히 가져야 한다는 점이다. 얼마나 오랜 시간 주님과 교제하는가보다 주님과 온전하게 연결되었는가가 더 중요하다. 어렵게 주님과 친밀히 교제하는 시간을 만들어도 그 시간에 온전히 집중하지 못하면 무슨 의미가 있을까? 중요한 것은 하나님과의 관계를 향한 예민한 감각이다. 우리가 주님과 온전하게 연결될 때, 하나님께 속했다는 소속감과 안정감 속에서 영적으로 성숙해진다. 이런 개인적인 예배의 은혜는 어떤 예배 인도자나 신실한 신앙인과의 교제나 예배 영상이나 유명한 노래나 책이 대신할 수 없는 중요한 것이다.

나는 날이 맑든 비가 오든, 좋은 일이 있든 나쁜 일이 있든 상황과 환경에 상관없이 하나님을 인식하는 감각이 성장하도록 열심히 노력했다. 많은 예배 인도자가 주님의 임재로 "들어가는 것"만 초점을 맞추다 정작 "함께하시는" 주님의 임재를 종종 잊는다. 나는 주님께 집중하기 어려울 때 나를 잊지 않으시고 버리지 않으시는 주님을 기억하고 감사의 기도를 드린다. 내가 주님을 느끼지 못할 때도 신실하신 주님은 늘 나와 함께하신다. 우리의 제자도가 성경을 읽고 연구하고 기도하는 것뿐만 아니라 주님의 임재에 초점을 맞출 때 삶이 변화된다. 일상에서 주님의 은혜를 받고 누리는 것은 매우 중요하다. 주님을 향한 열정과 헌신을 인간적인 노력이라고 율법적으로 규정하거나 종교적 숙제처럼 부담스럽게 여기지 말라. 주님 안에서 우리의 헌신은 쉽고 가벼우며 행복하다.

당신은 개인 예배 시간에 주로 무엇을 하는가? 내가 생각하는 개인 예배에서 최고의 순간은 잠잠히 하나님께 귀 기울일 때다. 이 세상은 항상 존재보다 일에 초점을 맞춘다. 이런 현대 사회에서 주님의 음성을 들을려고 잠잠히 경청하는 것은 우리의 모든 의지를 다 동원해야 할 만큼 가장 어려운 헌신이 되었다. 하나님께서 나에게 가장 인상 깊이 말씀하셨던 순간을 돌아보면, 내가 하나님을 위해 어떤 일을 할 때가 아니라 그저 하나님 앞에 잠잠히 있는 것으로 만족했을 때였다. 헨리 나우웬은 "나 홀로 주님과 함께"라는 책에서 이렇게 말했다.

"고독 속에서 우리는 말을 배우기 전부터 우리에게 말씀하셨고, 우리가 도움의 손길을 베풀기 전부터 우리를 치유하신 그분의 음성을 들을 수 있다. 또한 우리가 다른 사람들을 자유롭게 하기 훨씬 이전부터 우리를 자유롭게 하셨으며, 우리가 누군가를 사랑하기 훨씬 이전부터 우리를 사랑하신 그분의 음성을 들을 수 있다. 우리는 고독 속에서 존재가 소유보다 훨씬 더 중요하고, 노력한 결과보다 우리 자신이 훨씬 더 가치 있는 존재라는 사실을 발견한다. 고독 속에서, 우리는 우리 삶이 지켜야 할 소유물이 아니라, 나누어야 할 선물이라는 것을 발견한다."[1]

내가 생각하는 개인 예배의 또 다른 최고의 순간은 몸으로 예배를 표현하는 것이다. 나는 개인 예배 중에 하나님 앞에 겸손히 무릎 꿇어 엎드릴 때 함께하시는 주님의 놀라운 임재를 느낀다. 또 가끔 노래를 멈추고 눈을 감은 채 나를 품에 안으시는 주님의 부드러운 팔을 느끼면서 주님과 함께 춤을 추기도 한다. 어떤 신자들은 이런 모습을 이상하게 생각하겠지만 춤은 노래처럼 성경에 나오는 예배 표현이므로 당신도 실천해보길 바란다. 개인 예배에서 주님과 함께 춤추는 것은 교회의 공적인 예배 때 강단 앞에 서는 댄서들처럼 많

1. 헨리 나우웬, 신선명, 『나홀로 주님과 함께』, 도서출판 아침, 2018, 28p

은 연습이 필요하지 않다. 춤은 개인 예배에서 누리는 특권이다. 우리는 개인 예배 때 공적인 예배에서 하지 못하는 새로운 표현으로 하나님을 높일 좋은 기회를 얻는다. 어떤 교회는 몸으로 하나님께 영광 돌리는데 열려 있지만, 아직 많은 교회가 그렇지 못하다. 만일 당신의 교회가 춤으로 예배하는데 열려 있지 않다면 공적인 예배에서 춤추면 안 된다. 하지만 주님께 홀로 서는 개인 예배는 당신이 옳다고 생각하는 모든 예배의 표현을 얼마든지 할 수 있다.

개인 예배의 또 다른 핵심 요소이자 중요한 비결은 하나님께 드리는 기도다. 라틴어로 "Lex orandi, lex credenda"라는 말이 있는데, "우리가 기도하는 것이 우리가 믿는 것"이라는 의미다. 예배와 기도는 서로 분리할 수 없다. 성 어거스틴은 "노래하는 사람은 두 번 기도하는 것이다"라고 했다. 노래의 가사가 중요한 이유는 우리가 예배에서 부르는 노래가 곧 기도이기 때문이므로 예배 곡은 반드시 바른 교리를 담아야 한다. 우리가 기도할 때 예수님은 우리에게 가장 큰 영적인 감동을 주신다. 예수님은 아버지께 기도하는 것이 생명줄이라는 것을 아시고 매일 아침 제자들과 군중 앞에 서기 전에 기도로 시작하셨다. S.D 고든은 자신의 책에서 이렇게 말한다.

"예수님께서 얼마나 많이 기도하셨는지 아는가? 기도는 예수님의 규칙적인 습관일 뿐만 아니라 크고 작은 모든 어려움 속에 예수님의 피난처였다. 예수님은 당혹스러울 때도, 일정의 압박 속에서도 기도하셨다… 기도는 예수님에게서 온전하고 줄어들지 않으며 측량할 수 없는 능력이 무한하게 흘러나오게 했다."

예배 인도자들의 가장 큰 문제는 기도하지 않는 것이다. 예배 인도자는 하나님 아버지의 마음에서 나오는 능력이 필요하다. 기도로 하나님과 대화하며 그 음성을 듣는 것이 다른 사람들을 깊은 예배로 인도하는 능력의 원천이다. 기도가 없으면 우리의 예배는 임재 없는 공연일 뿐이며, 아버지와의 깊은 영적인 교제 없이 나오는 말은 겉으로 아무리 화려해도 회중에게 영적인 영향을 끼치지 못한다. 인터넷으로 큰 파일을 올리거나 내려받아 봤는가? 진실한 기도는 우리를 하나님 아버지의 마음으로 연결한다. 예배 인도자는 기도를 중요하게 생각하고 실천해야 한다. 간절한 마음으로 기도하라.

아버지 하나님과 교제하며 자신과 다른 사람을 위해 주님의 음성을 들어라. 당신이 기도하지 않으면 이 세상 염려(마 13:22)가 마음을 가득 채워 하나님의 임재와 말씀을 막을 것이다. 만일 우리가 기도하지 않고 하나님과의 교제를 게을리하면 공적인 예배에서 겉으로는 경건의 모양을 유지하는 것처럼 보이겠지만 점점 시간이 갈수록 내면에 하나님의 임재가 약해질 것이다. 기도는 우리 삶에 영적인 능력을 유지하도록 돕는다. 만일 우리가 기도로 하나님과 교제하지 않는다면 우리는 그저 "소리 나는 구리와 울리는 꽹과리"(고전 13:1)일 뿐이다. 겉으로는 우리가 만드는 소리가 좋게 들리겠지만, 그 안에 하나님과 이웃을 향한 참된 사랑이 없다.

2. 하나님과 말씀으로 밀접하게 교제하기

하나님과 연결되는 또 다른 영적인 초고속 통신선은 하나님의 말씀, 성경이다. 그리스도인에게 말씀은 호흡을 위한 공기요 어둠을 비추는 빛이며 생명을 주는 피와 같아서 하나님의 마음과 뜻과 생각과 계획에 우리를 직접 연결한다. 단언컨대, 말씀을 읽고 묵상하지 않으면 성공적인 예배 인도자가 될 수 없다. 한 무리가 둥글게 앉아 첫 번째 사람이 옆 사람에게 한 문장을 귓속말로 전달하면, 계속 그 문장을 귓속말로 전달하여 마지막 사람이 자기가 들은 문장을 큰소리로 외쳐서 처음 문장과 얼마나 똑같은지 보는 게임이 있다. 재미있게도 대부분 마지막에는 시작한 것과 완전히 다른 문장이 나온다. 예를 들면, "난 초록색 콩을 먹었어(I ate some green beans)"로 시작한 문장이 "난 샤론의 청바지를 싫어해(I hate Sharon's blue jeans)"처럼 우스꽝스럽게 변한다.

사실 이 게임은 신자의 소통 방식을 적나라하게 보여준다. 우리는 성경을 직접 읽지 않고 "누군가가 말한 것을 누군가가 말했다고 누군가가 말했습니다."라는 방식으로 듣는다. 많은 미국인이 성경에 "하나님(하늘)은 스스로 돕는 자를 돕는다"라는 말씀이 있다고 생각하지만 사실 이런 구절은 없다. 성경책을 손에 든 신자가 진리의 말씀이 아닌 왜곡된 개념을 믿는 것이다. 당신은 성경을 직접 읽고 이해하는가? 성경에 따라 성령님의 성품과 사역을 명확하게 이해하는가? 또 기록된 말씀을 아는 지식의 차원을 넘어서, 삶에서 살아있는 말씀이신 예수님과 역동적인 관계를 유지하는가?

예배 인도자의 삶에 기도와 말씀이 없으면 자신이 누구인지, 누구를 위해 무엇을 해야 하는지 분명한 인생 목적과 비전을 품지 못하므로 소경이 소경을 인도하는 결과나 나온다. 켄 보아^{KEN BOA}는 '주의 형상으로 변화되라'에서 "그리스도인들은 자주 영적 무지와 기억 상실로 고통받는다. 많은 신자가 자신이 그리스도 안에서 누구인지 모르기 때문에 잘못된 자아상으로 살아간다."라고 했다. 예배인도자들은 자아상과 성공의 기준을 세상에 두면 안 된다. 우리는 자주 눈에 보이는 회중의 열광적인 반응으로 예배 인도자로서 자신의 실패와 성공을 평가하지만, 하나님은 회중의 반응으로 예배 인도자의 가치를 결정하지 않으신다. 만일 이런 기준이라면 말씀을 듣던 사람들이 돌로 치려고 달려든 사도 바울은 완전한 실패자다.

과연 바울은 실패한 설교자인가? 전혀 그렇지 않다. 우리는 수만장의 앨범을 판매한 유명한 예배팀이나 큰 재정과 많은 사람을 투입해서 거리 전체를 막고 플래시몹FLASH MOB 이벤트를 진행하는 초대형 교회와 자기의 모습을 비교하는 실수를 자주 저지른다. 예배 인도자로서 우리의 가치는 오직 하나님이 결정하신다. 기록된 성경을 읽고 묵상하며 이해하고 매일 그 말씀으로 살아가는 것이 예배 인도자로서 우리 앞에 많은 함정과 위험을 막는 피난처요 방패다. 신약성경 야고보서가 이 문제를 아주 잘 설명한다.

22 너희는 말씀을 행하는 자가 되고 듣기만 하여 자신을 속이는 자가 되지 말라 23 누구든지 말씀을 듣고 행하지 아니하면 그는 거울로 자기의 생긴 얼굴을 보는 사람과 같아서 24 제 자신을 보고 가서 그 모습이 어떠했는지를 곧 잊어버리거니와 25 자유롭게 하는 온전한 율법을 들여다보고 있는 자는 듣고 잊어버리는 자가 아니요 실천하는 자니 이 사람은 그 행하는 일에 복을 받으리라
(약 1:22~25)

말씀을 읽지 않으면 그리스도 안에서 우리가 얼마나 귀한 존재인지 잊고 영적인 무력증에 빠져 다른 사람을 그리스도와의 깊은 친밀함으로 이끌 수 없다. 성경에 기록된 하나님의 말씀은 우리가 그리스도 안에서 누구인지 끊임없이 기억하게 한다. 우리가 그리스도 안에서 어떤 존재인지 모르거나 하나님께서 예배받으시기 합당하신 분인 것을 모르면 다른 사람을 주님과의 친밀함으로 인도하지 못한다. 결국 하나님의 말씀을 깊이 아는 것이 영적인 열정을 유지하게 한다. 하나님의 말씀을 깊이 아는 최고의 방법은 말씀을 묵상하는 것이다. 나는 성경 묵상을 실천하지 못하면 죄책감을 느끼는 강제적인 의무라고 생각하지 않는다. 성경 묵상은 즐거운 것이다. 하나님의 말씀을 묵상하고 당신의 영혼으로 깊이 되새김질하라. 제임스 패커는 "하나님을 아는 지식"에서 다음과 같이 썼다.

> "묵상이란 하나님의 사역과 도(道), 목적과 약속을 깊이 생각해 보고 자신에게 적용하는 활동이다. 그것은 하나님의 임재 안에서 하나님이 보시는 가운데, 하나님의 도우심으로, 하나님과 교통하는 수단으로서 의식적으로 수행하는 거룩한 사고 활동이다. 묵상의 목적은 하나님을 향한 우리의 정신적, 영적 시각을 밝히는 것이며, 하나님의 진리가 우리 마음과 뜻에 충분하고도 적절히 영향을 끼치도록 하는 것이다."[2]

시편에는 주님의 율법과 계명, 원리와 명령을 묵상한 고백이 차고 넘친다. 특히 시편 119편은 묵상의 귀중한 가치와 유익함을 강조

2. 제임스 패커, 정옥배, 『하나님을 아는 지식』 IVP, 2008, 33p

하는 중요한 말씀이다. 이 시편의 첫 구절은 "행위가 온전하여 여호와의 율법을 따라 행하는 자들은 복이 있음이여"로 시작한다. 시편을 비롯한 많은 말씀이 우리에게 하나님의 말씀을 지킬 때 축복이 임하는 것을 기억하도록 권면한다. 구약 성경에서 하나님은 이스라엘 백성에게 직접 묵상하라고 명령하셨다. 여호수아 1장을 보면 모세가 죽고 모세 아래 있던 눈의 아들 여호수아가 이스라엘을 약속의 땅으로 인도하는 큰 임무를 맡았다. 하나님께서 여호수아에게 발로 디딘 곳마다 기업으로 주시겠다고 약속하셨지만, 여호수아의 발은 걱정과 두려움으로 후들거렸다. 하지만 우리는 하나님께서 우리에게 발로 디딘 곳마다 기업으로 주시겠다고 말씀하시면 최대한 멀리 이리저리 뛰면서 자기가 받을 땅을 넓히리라 생각하지만, 현실은 전혀 다르다. 하나님은 수백만 이스라엘 민족을 가나안으로 인도해야 할 여호수아의 부담을 아시고 이렇게 격려하신다.

6 강하고 담대하라 너는 내가 그들의 조상에게 맹세하여 그들에게 주리라 한 땅을 이 백성에게 차지하게 하리라 7 오직 강하고 극히 담대하여 나의 종 모세가 네게 명령한 그 율법을 다 지켜 행하고 우로나 좌로나 치우치지 말라 그리하면 어디로 가든지 형통하리니 8 이 율법책을 네 입에서 떠나지 말게 하며 주야로 그것을 묵상하여 그 안에 기록된 대로 다 지켜 행하라 그리하면 네 길이 평탄할 것이며 네가 형통하리라 9 내가 네게 명령한 것이 아니냐 강하고 담대하라 두려워하지 말며 놀라지 말라 네가 어디로 가든지 네 하나님 여호와가 너와 함께 하느니라 하시니라 (여호수아 1:6~9)

하나님은 여호수아가 이스라엘의 지도자로서 맡은 큰 책임을 완수하도록 말씀을 묵상하라고 격려하셨다. 하나님께서 여호수아에게 직접 묵상을 명령하셨듯 우리에게도 말씀을 묵상하라고 명령하신다. 예배 인도자의 대부분이 에베소서 5:18~20을 안다. 이 말씀은 우리에게 "18 술 취하지 말라 이는 방탕한 것이니 오직 성령으로 충만함을 받으라 19 시와 찬송과 신령한 노래들로 서로 화답하며 너희의 마음으로 주께 노래하며 찬송하며 20 범사에 우리 주 예수 그리스도의 이름으로 항상 아버지 하나님께 감사하며"라고 권면하며 골로새서 3:16에서는 "그리스도의 말씀이 너희 속에 풍성히 거하여 모든 지혜로 피차 가르치며 권면하고 시와 찬송과 신령한 노래를 부르며 감사하는 마음으로 하나님을 찬양하고"라고 말씀하신다.

나는 여기에서 시와 찬미와 신령한 노래의 차이를 구분하기보다 항상 마음에 하나님의 말씀(율법, 계명, 교훈)을 가득 채우고 입술로 끊임없이 고백해야 한다는 점에 초점을 맞추고 싶다. 우리가 말씀을 깊이 묵상할 때 말씀이 생각에 스며들어 우리의 계획과 생각이 하나님의 말씀에 맞춰진다. 그러므로 묵상은 그리스도인의 능력 있는 삶과 지역 교회의 예배 개혁에 매우 중요한 핵심 요소다. 때로 우리는 마음에 말씀이 충만해서 말씀을 고백하는지, 아니면 말씀을 고백하기 때문에 말씀이 마음에 충만해지는지 고민한다. 정답은 둘 다 '맞다'이다. 우리가 말씀을 고백하면 마음에 말씀이 채워지고 마치 가득 찬 물이 넘치듯 우리 안에 가득한 말씀을 노래한다. 진실로 우리가 하나님의 말씀을 더 많이 들을수록 하나님을 더 많이 알고, 하나님을 더 많이 알수록 더 많이 고백할 것이다.

나의 친구 엘리시아 윌리엄슨 가르시아는 이렇게 말했다. "예배는 진리를 향한 반응이다." 맞다! 말씀으로 진리를 알면 알수록 우리는 더 예배한다. 바울은 에베소서 2:1~10에 이렇게 기록했다.

1 그는 허물과 죄로 죽었던 너희를 살리셨도다 2 그 때에 너희는 그 가운데서 행하여 이 세상 풍조를 따르고 공중의 권세 잡은 자를 따랐으니 곧 지금 불순종의 아들들 가운데서 역사하는 영이라 3 전에는 우리도 다 그 가운데서 우리 육체의 욕심을 따라 지내며 육체와 마음의 원하는 것을 하여 다른 이들과 같이 본질상 진노의 자녀이었더니 4 긍휼이 풍성하신 하나님이 우리를 사랑하신 그 큰 사랑을 인하여 5 허물로 죽은 우리를 그리스도와 함께 살리셨고 (너희는 은혜로 구원을 받은 것이라) 6 또 함께 일으키사 그리스도 예수 안에서 함께 하늘에 앉히시니 7 이는 그리스도 예수 안에서 우리에게 자비하심으로써 그 은혜의 지극히 풍성함을 오는 여러 세대에 나타내려 하심이라 8 너희는 그 은혜에 의하여 믿음으로 말미암아 구원을 받았으니 이것은 너희에게서 난 것이 아니요 하나님의 선물이라 9 행위에서 난 것이 아니니 이는 누구든지 자랑하지 못하게 함이라 10 우리는 그가 만드신 바라 그리스도 예수 안에서 선한 일을 위하여 지으심을 받은 자니 이 일은 하나님이 전에 예비하사 우리로 그 가운데서 행하게 하려 하심이니라

하나님은 죄로 죽었던 우리를 그리스도와 함께 살리셨다. 하나님은 다른 무엇보다 우리를 최우선으로 추구하신다. 예배는 우리를

구원하시고 회복하신 하나님을 향한 자연스러운 반응이다. 우리를 향한 하나님의 말씀을 묵상할수록 하나님을 향한 우리의 사랑은 더욱더 깊어지고 전심을 다 한 예배로 하나님의 사랑에 응답한다. 말씀을 묵상하는 것의 반대는 세상의 교훈과 가치와 원리를 묵상하는 것이다. 세상이 보여 주는 길은 죽음이지만 하나님의 말씀이 보여주는 길은 생명과 기쁨과 평안이므로 우리가 말씀을 묵상하는 시간이 길어질수록 우리의 예배와 사역에 혁명적인 일이 일어날 것이다. 말씀 묵상은 모든 개혁적 예배자의 삶에서 제일 중요하다.

3. 신실한 믿음의 친구들과 교제하고 예배하는 것

뜨거운 신자들과 교제할 때 영적인 열정이 성장한다. 열정은 전염성이 있다! 이것이 히브리서 저자가 "모이기를 폐하는 어떤 사람들의 습관과 같이하지 말고 오직 권하여 그날이 가까움을 볼수록 더욱 그리하자"(히 10:25)라고 기록한 이유다. 신자의 연합은 영적인 힘을 새롭게 하고 열정을 뜨겁게 유지하는 데 매우 중요하다. 켄 보아 박사는 이렇게 말한다.

> "우리 믿음의 여정은 개인에서 시작하지만, 공동체 안에서 성장한다. 예수님 안의 삶은 고독한 개인주의가 아니라 모여서 나누는 것이다. 진실로 우리가 그리스도 앞에 설 때, 각자 살아온 삶에 따라 개별적으로 심판받지만(고후 5:10, 롬 14:12) 신앙 공동체의 양육으로 주님과의 영원한 삶을 준비한다는 것을 잊지 말아야 한다." (주님의 형상으로 변화됨 : 성경적이고 실용적인 영성 형성 과정, 2001, 416p)

교회 사역자들은 의외로 가장 외로운 사람들이다. 사역자들의 상당수가 직장에서 온종일 일하고 예배와 교회 학교, 성경 공부 인도 등으로 봉사하면서 일주일에 평균 12시간, 많으면 15시간 이상 헌신한다. 전임 사역자가 아닌 예배 인도자들도 같은 처지여서 생활비를 위해 주중에는 일하고 주일 예배 때 최신곡을 연주하려고 잠을 줄여가며 연습한다. 이렇게 바쁘게 지내다 보면 기도가 중요한 것을 알지만 막상 기도할 시간이 부족하고, 가족과 친지들과 함께할 시간은 기도할 시간 보다 더 부족하다. 하나님을 위한 "일"이 중심이 된 헌신은 어느 순간 우리의 마음을 공허하게 할 수 있다.

그래서 우리가 참된 신자가 되려면 성도의 교제와 연합이 절대적으로 필요하다. 우리는 그리스도 안에 연결된 한 몸으로 각자의 부르심이 있으며 개인의 이익이 아니라 몸 된 교회 전체의 유익을 위해 돕는다. 바울은 고린도전서 12:12~27에서 이것을 설명한다. 특히 12절에 *"몸은 하나인데 많은 지체가 있고 몸의 지체가 많으나 한 몸임과 같이 그리스도도 그러하니라"*라고 언급한다. 우리는 한 명의 성도가 전 세계의 그리스도인과 영적으로 연결되었다는 사실을 이해하지 못하기 때문에 전 세계 그리스도의 몸 된 교회가 받을 축복 대신 개인의 관심과 이익에 붙들려 산다.

타인을 축복하고 타인의 축복을 받는 것은 아주 즐거운 일이다. 하지만 세상에는 "주는 사람"과 "받는 사람" 그리고 "빼앗는 사람"이 있다. 모든 사람이 살면서 의식적이든 무의식적이든 주거나 받거나 빼앗으며 살아간다. 우리는 "받는 사람"이나 "빼앗는 사람"과 함께 있으면 진이 빠지는 것 같은 극심한 피로를 느끼기 때문에 자연스럽게 피하고 싶어 한다. 문제는 주님의 몸 된 교회에 일방적으로 받기만 하는 사람들과 빼앗는 사람이 정말 많다는 점이다. 성가대나 예배팀을 운영하는 많은 예배 인도자가 힘들어하는 이유는 사소한 기회만 있으면 인도자를 힘들게 하는 팀원이 있기 때문이다. 이 사람들은 아주 작은 것부터 시작해서 인도자와 팀에게 조건없는 이해와 배려와 용납 같은 '무언가'를 받으려고 한다. 사실 나도 전에는 전형적인 "받는 사람"이었다. 타인에게 의존하며 받기만 하던 삶에서 타인에게 생명을 나누는 "주는 사람"이 되기가 쉽지 않았지만, 지금은 받는 것보다 주는 것이 복된 것임을 확실히 느낀다.

우리는 이렇게 끊임없이 우리에게서 받아 내려고 하는 사람들뿐만 아니라 우리를 섬기고 축복하는 사람들과도 교제해야 긍정적인 상호 교제를 통해 채워지고 회복되어 축복이 필요한 사람들에게 예배 인도자로서 생명을 나눌 수 있다. 사람들의 필요는 무엇인가? 회복과 휴식과 돌봄처럼 내면을 채워주는 것이다. 사회와 정부 역시 사람들에게 더 좋은 복지 정책을 내놓으려고 애쓰는 것을 보면 실제로 현대 사회를 살아가는 사람들은 내면의 휴식과 충전과 돌봄이 절실한 것을 알 수 있다.

나의 친구 리랜드는 성공한 사업가이면서 탁월한 성품과 친절함으로 지역 사회와 지역 교회를 헌신적으로 섬겨서 좋은 평판을 얻었다. 리랜드는 나를 만날 때마다 진심 어린 축복과 격려로 열정과 힘을 주는 좋은 친구다. 리랜드를 가만히 지켜보면 다른 사람에게서 무엇을 받는 것보다 무엇을 줄 수 있을지 고민하고 실천하려는 모습이 보인다. 당신은 받는 사람인가 주는 사람인가? 아니면 빼앗는 사람인가? 나의 친구 리랜드를 생각할 때마다 하나님의 신실하심이 무엇인지 알게 된다. 우리 모두 리랜드처럼 다른 사람에게 삶으로 성경의 진리를 증거하고 격려하며 힘을 주는 사람이 될 수 있다!

열정에서 목적으로

영어로 PASSION은 열정을 뜻하면서 동시에 "그리스도의 수난" 처럼 고난이나 고통을 의미한다. 우리는 일상에서 열정의 또다른 의미인 "고난"을 잊어버리고 단지 강렬한 사랑이나 강한 열망 같은 것으로만 생각하는 경향이 있다. 우리를 위해 십자가의 고난을 이기신 예수님은 우리가 성령님의 인도를 받아 하나님을 더 친밀하게 알기 원하신다.(요 17장) 우리는 예수님의 열정으로 삼위일체 되신 하나님과의 신비로운 교제로 들어간다. 예수님의 열정은 분명한 목적이 있다. 예수님의 열정은 2000년 전 십자가에서 단 한 번만 나타난 것이 아니라 지금도 여전히 역동적으로 강력하게 역사한다. 바울은 빌립보서에 그리스도의 고난에 동참하기 원한다고 고백했다. 예수님께서 고난받으시고 죽으심으로 우리의 구원을 완성하셨다면, 왜 우리가 또다시 그리스도의 고난에 동참해야 하는가? 주님께서 우리를 위해 "다 이루었다"고 말씀하지 않으셨는가?

십자가에서 우리의 구원을 이루신 예수님의 우리를 향한 열정은 지금도 같다. 이제 우리가 예수님을 향한 열정으로 우리의 세상을 주님께 드려야 한다. 세상을 주님께 드리려는 우리의 열정은 우리를 향한 예수님의 열정만큼 역동적이어야 한다. 만일 우리가 세상을 향한 사명에 소홀하다면 우리의 예배가 아무리 열정적이라도 그 예배는 이기적이고 피상적일 뿐이다. A. W 토저는 자신의 책 "하나님을 바로 알자"에서 이렇게 말했다.

"하나님을 아는 지식이 더 놀라워지면서 이웃을 위해 더 많이 봉사해야겠다는 마음을 품어야 한다. 하나님을 아는 복된 지식은 우리만 누리도록 주신 게 아니다. 하나님을 더 완전하게 알수록 새로 발견한 지식을 고통당하는 사람들을 향한 자비의 행동으로 해석해 내려는 갈망을 더 강하게 느낀다. 우리에게 모든 것을 주신 하나님은 우리가 하나님을 더 잘 알 때 계속해서 모든 것을 주실 것이다."[3]

우리가 주님의 고난에 참여하는 방법은 이 세상의 고난으로 들어가는 것이다. 같이 다음 말씀들을 천천히 읽어 보자.

자녀이면 또한 상속자 곧 하나님의 상속자요 그리스도와 함께 한 상속자니 우리가 그와 함께 영광을 받기 위하여 고난도 함께 받아야 할 것이니라 (롬 8:17)

그리스도의 고난이 우리에게 넘친 것 같이 우리가 받는 위로도 그리스도로 말미암아 넘치는도다 (고후 1:5)

그리스도를 위하여 너희에게 은혜를 주신 것은 다만 그를 믿을 뿐 아니라 또한 그를 위하여 고난도 받게 하려 하심이라 (빌 1:29)

---

3. A. W 토저, 전의우, 『하나님을 바로 알자』 생명의말씀사, 2017

내가 그리스도와 그 부활의 권능과 그 고난에 참여함을 알고자 하여 그의 죽으심을 본받아 (빌 3:10)

나는 이제 너희를 위하여 받는 괴로움을 기뻐하고 그리스도의 남은 고난을 그의 몸된 교회를 위하여 내 육체에 채우노라 (골 1:24)

이는 하나님의 공의로운 심판의 표요 너희로 하여금 하나님의 나라에 합당한 자로 여김을 받게 하려 함이니 그 나라를 위하여 너희가 또한 고난을 받느니라 (살후 1:5)

이를 위하여 너희가 부르심을 받았으니 그리스도도 너희를 위하여 고난을 받으사 너희에게 본을 끼쳐 그 자취를 따라오게 하려 하셨느니라 (벧전 2:21)

오히려 너희가 그리스도의 고난에 참여하는 것으로 즐거워하라 이는 그의 영광을 나타내실 때에 너희로 즐거워하고 기뻐하게 하려 함이라 (벧전 4:13)

그러므로 하나님의 뜻대로 고난을 받는 자들은 또한 선을 행하는 가운데에 그 영혼을 미쁘신 창조주께 의탁할지어다 (벧전 4:19)

열정은 흔쾌히 다른 사람을 위한 고통을 감수하며 그들이 하나님의 크신 사랑과 기쁨과 그리스도 안에서의 충만함과 온전해짐을 깨닫기 원한다. 만일 당신이 누군가를 향해 열정적이라면 그 대상이 가장 높은 성취와 완성을 이루는 것을 보고 싶을 것이다. 성경에서 가장 자주 인용되는 요한복음 3:16을 이렇게 의역해 보자.

> "세상을 정말 사랑하시는 하나님께서(세상 사람들이 예수님의 고난으로 온전함으로 들어오도록) 독생자를(우리를 위해 기꺼이 고통당하신 주님) 주셨으니."

우리가 항상 놓치고 있는 것은 하나님께서 열정을 쏟으시는 "세상"이다. 우리는 우리의 열정과 예배의 대상이 되시는 하나님께 집중하면서 정작 하나님의 열정이 어디를 향하는지는 관심이 없다. 우리는 하나님의 열정의 대상인 세상이 주님의 온전하심에 참여하도록 관심을 가져야 한다. 우리의 예배에는 나와 하나님으로 가득 차 있어서 세상이 들어올 자리가 없다. 참된 영적인 열정은 세상을 향해 움직이는 것이다. 교회에서 참된 영적인 열정의 부족함이 드러나는 주된 문제는 음악 스타일 논쟁이다. 나는 성령님께서 거하시는 성전으로 삼으신 우리가 하나님을 찬송하는 방법을 두고 무엇이 옳은지 그른지 논쟁하는 자체가 하나님을 모욕하는 것이라고 확신한다.(고전 6:19) 어떤 사람이 노래 부르는지보다, 어떤 음악 스타일로 노래 부르는지를 중요하게 여기는 것이 교회가 얼마나 겉모습과 육신적인 것에 집중하는지 여실히 보여준다.

개혁과 변화를 추구하는 예배 인도자는 모든 것에 하나님 나라 관점으로 접근한다. 개혁과 변화를 추구하는 예배 인도자의 초점은 사람과 재능을 "이용하는 것"이 아니라 그들을 그리스도의 열정의 대상으로 "존중하는 것"에 맞춰져 있다. 이 관점은 우리가 자신을 하나님의 열정의 대상으로 이해하고 하나님의 열정을 받아 누릴 때 생긴다. 참된 영적인 열정의 열매는 변화된 세상이다. 예배자들의 마음이 바뀌면 세상이 변한다. 우리의 이기적인 본성이 이웃을 위한 희생을 감수하는 이타적인 마음으로 변할 때, 하나님을 드러내는 삶으로 하나님의 사랑과 성령님의 역사하심이 자유롭게 흘러간다.

자, 이제 다시 한번 점검해 보자. 예수님을 향한 당신의 열정은 무엇이며 어떻게 나타나는가? 현대 회중 예배에서 무릎 꿇고, 손을 높이 들고, 눈물 흘리는 예배자들의 모습은 이제 어색하지 않다. 하지만 현대 예배 문화^{CURRENT WORSHIP CULTURE}의 위험한 점은 예배의 열정적인 표현과 참된 영적인 열정을 동일시하는 것이다. 이 두 가지가 항상 같지 않다. 우리는 열정적인 예배자가 하나님을 향해 꿇은 무릎을 펴고 일어나 세상을 섬기기를 원하지만 그렇지 않을 때가 더 많다.

나의 간절한 소망은 열정적인 예배자들이 세상을 섬기는 것이다. 하지만 안타깝게도 예배자 대부분이 세상이 아니라 교회 안에만 있다. 참된 예배와 진정한 영적인 열정은 연약한 사람들을 섬기도록 인도하며 깊은 말씀 묵상과 기도하는 삶과 공동체적 친교는 우리에게 삶의 예배로 세상을 변화시키도록 도전한다. 세상을 섬기는 삶의 예배, 이것이 진정한 영적인 열정이다. 우리가 예배할 때, 하나님을 바라보는 것은 하나님께서 세상을 어떻게 보시는지 이해하고 하나님께서 원하시는 데로 사는 삶을 말한다.

4장 두 번째 비결 : 조직
KEY TWO : ORGANIZATION

*하나님이 교회 중에 몇을 세우셨으니 첫째는 사도요 둘째는 선지자
요 셋째는 교사요 그 다음은 능력을 행하는 자요 그 다음은 병 고치
는 은사와 서로 돕는 것과 다스리는 것과 각종 방언을 말하는 것이
라 (고전 12:28)*

나는 어려서부터 심각한 숫자 공포증^{NUMEROPHOBIA}이 있었다. 덧셈을
배울 때는 손가락 발가락을 합한 것보다 큰 수는 계산하지 못했다.
고등학교 수학 시간은 고문 같았고 대학 때는 정말 힘들었다. 졸업
을 위한 전공 필수 중에 통계학이 있었는데, 교수님이 너무 괴로워
하는 나를 구출하려고 일부러 D 학점을 주셨다. 나는 대학을 졸업
하려고 많은 시간을 통계학 연구실에서 보냈으며 조교들의 도움으
로 간신히 졸업했다. 아마도 통계학 조교들은 나를 보고 동굴에 그
림을 남긴 네안데르탈인을 떠올렸을 것이다. "존 치섬의 뇌에서 수
학만큼은 네안데르탈인과 다를 것이 없어." 어릴 때부터 성인이 될
때까지 숫자는 나에게 단 한 순간도 친절한 적이 없었다.

아마 어렸을 때 친구 중에 운동을 싫어해서 운동장 주변을 어슬
렁거리던 아이가 있었을 것이다. 솔직히 내가 운동장을 어슬렁거린

그 아이 중 한 명이다. 나는 수학과 운동이 정말 싫어서 행진 밴드 MARCHING BAND에 가입했는데, 두툼한 입술이 트롬본이나 바리톤, 튜바에 잘 맞았다. 사실 음악보다는 마음껏 농담할 수 있는 것과 수학을 아주 잘하는 아이가 내 수학 숙제를 도와준 것이 내가 행진 밴드에 있었던 진짜 이유다. 하지만 밴드 선생님은 나를 제명했는데 그 이유는 내가 학교 바로 건너편에 살았지만, 알람시계 숫자가 무서워 시계와 씨름하느라 매일 아침 연습에 지각했기 때문이었다.

나는 어른이 되어 더 많은 어려움을 겪었다. 한 번은 2주 연속 생활비를 초과 인출하는 실수를 저질러서 결국 재정 관리를 포기했다. 은행의 계좌나 관공서에서 온 명세서를 보려면 눈을 크게 뜨고 집중해야 했고, 실수로 책상 위 청구서와 은행 계좌 서류철을 열었을 때 과호흡이 와서 아내가 깜짝 놀라기도 했다. 그 후 아내는 내가 청구서 서류철을 보지 못하도록 책상 위에서 모두 치우고 직접 재정 관리를 시작했다. 오 하나님, 도나를 보내주셔서 정말 감사합니다! 천체물리학자 닐 디그래스 타이슨NEIL DEGRASSE TYSON이 이런 글을 썼다.

"만일 당신이 1초마다 숫자 하나씩 암송하기 시작하면 100만을 세는 데 12일이 걸리고, 10억을 세는 데 32년이 걸린다. 1조를 세는 데에는 32,000년이 걸리는데, 이것은 사람이 처음으로 동굴 벽화를 그리고 흘러간 시간만큼 긴 시간이다. 만일 누군가 실제로 32,000년 동안 숫자를 세었다면, 맥도날드에서 빅맥 1,000억 개(혹은 그 이상)를 팔았을 것이며, 그 햄버거로 지구를 275번 왕복하고 지구에서 달까지 쌓아놓고도 남을 양이다."

나는 이 글을 초점 잃은 눈으로 몇 번이나 읽다가 간신히 정신을 차린 후, 여전히 나에게 숫자 공포증은 심각한 문제라는 것을 깊이 깨닫고 마음을 추스르며 어차피 천체 물리학자가 될 일은 없으니 괜찮다고 스스로 위로했다. 하지만 이제 나는 숫자 공포증에 매이지 않고 하나님께서 주신 은사와 재능의 가치를 깨닫고 감사하는 방법을 배웠다. 나는 엔칠라다(구운 또띠아에 고기를 넣고 매운 소스를 뿌린 멕시코 음식)를 맛있게 요리할 줄 알았고 피아노도 잘 친다. 또 셔츠도 잘 다리고 진공청소기로 청소도 잘한다. 건강이 좋으면 4Km를 쉬지 않고 달리면서 어린이 찬양을 만들기도 했으며 앞마당 잔디에 물을 줘야 할지와 딸의 기분이 좋은지 나쁜지도 잘 구분한다.

내 최고의 재능은 나보다 숫자 계산이나 조직 구성을 잘하는 사람들과 건강하게 동역하는 것이다. 아내 도나는 가끔 "이것저것 1, 이것저것 2"라고 이름 붙여진 서류철을 보고 큰 소리로 웃는다. 여전히 나는 정리 정돈이 참 어렵지만, 숫자 계산을 잘하고 정리 정돈을 잘하는 사람들보다 내가 노래를 훨씬 더 잘 부른다는 사실에 위안을 받는다. 여기 복된 소식이 있다. 하나님은 내가 할 수 없는 것을 잘하는 사람들, 예를 들어 모든 것을 가지런히 정돈하는 서류철 같은 사람을 보내신다. 우리가 눈을 크게 뜨고 주변을 잘 둘러보면 숫자 계산이나 조직 구성에서 독특한 방법으로 하나님 나라를 세워가도록 돕는 소중한 사람들과 함께 할 수 있다.

고린도전서 12:28에 하나님께서 교회 안에 행정의 은사GIFTS OF ADMINISTRATION로 섬기는 사람들을 세우신 것을 볼 수 있다. 나는 행정이라는 단어를 발음할 때, 마치 고소한 올리브유로 구운 향긋한 마늘과 먹음직스러운 붉은 피망이 올라간 맛있는 이탈리안 파스타처럼 좋은 느낌이 든다. 사실, 내가 행정이라는 단어를 좋아하는 가장 큰 이유는 내가 행정을 담당하지 않기 때문이다. 나는 하나님께서 정리 정돈하는 것을 좋아하는 사람들을 창조하셨다고 믿는다. 교회 안에 행정의 은사를 받은 사람들이 있다. 우리가 모여 서로를 인정하고 존중하면 우리에게 놀라운 일이 일어난다. 놀라운 일은 무엇인가? 잘 조직된 탁월한 사역으로 사람들이 하나님 앞에 나와 구원 받고 교회 안의 성도들이 각자 자기의 일을 성실하게 섬기고 그리스도의 몸이 제 기능을 하는 것이다.

당신은 아마 "왜 예배 사역에 조직력이 필요하죠? 그냥 다 같이 일어나서 노래하면 되는 거 아닌가요?"라고 질문하고 싶을 것이다. 솔직히 나는 노래하기가 가장 쉽기 때문에 예배 사역이 노래하는 것처럼 쉬웠으면 좋겠다. 하지만 창조적인 예배를 세워 가는 과정은 굉장히 어렵다. 먼저 개인이 아닌 무리를 이끄는 것 자체가 힘든 일이다. 그리고 예배팀 안에 음악가를 포함한 예술적인 기질이 있는 사람들은 대부분 상당히 거칠고 엉성해서 상황이나 일을 체계적으로 정리하지 못하며, 자기 의견이나 문제를 놓고 다른 사람과 적절하게 소통하는 데 어려움을 겪는다. 그래서 조직력이 필요하다.

조직의 영적인 측면

우리는 조직을 사람의 모임이라고 한정짓지만, 여기에서 말하는 조직은 사람뿐만 아니라 예배를 위해 필요한 모든 것을 체계화하는 과정을 말한다. 많은 예배 인도자가 예배 사역에 필요한 모든 것이 마치 사전 연습이 끝나고 완벽하게 세팅된 음악 시스템처럼 잘 준비되었을 것이라는 착각 속에 산다. 아마도 많은 예배 인도자가 송셀렉트[1]나 프레이즈차트[2] 같은 온라인 악보 사이트와 호산나 인테그리티, 빈야드 뮤직, 워십투게더의 악보집처럼 제목, 코드, 빠르기, 주제별로 잘 정리된 좋은 예배 자료가 있을 것이다. 그런데 여기에 중요한 것 한 가지가 빠졌다. 그것은 바로 "과정^{PROCESS}에 필요한 감각"이다. 과정은 예배 준비와 진행에서 중요한 요소로서, 성령님의 통찰력이 필요한 보이지 않는 움직임이다. 예배에서 "과정"은 우리가 무의식적으로 따라가는 "성공적인 예배를 위한 생존 기술"을 멈추고 하나님께서 사랑하는 자녀들에게 무엇을 원하시는지 기도하게 한다. 하나님은 우리에게 무엇을 원하시며 우리를 어디로 인도하기 원하시는가? 우리는 어떻게 하면 이 과정을 잘 준비할 수 있을까?

요한복음 3:8에서 예수님은 성령으로 거듭난 사람을 바람에 비유하셨다. 하나님의 바람이 불면 새로운 일이 일어나는데, 우리는 이때 일어나는 모든 것을 다 이해하지 못한다. 순종은 모든 것을 다 이해하기 때문에 하는 것이 아니다. 분명한 것은 우리가 하나님의 큰 뜻을 다 이해하지 못할 때도 여전히 하나님의 음성을 듣고 따라야 한다는 것이다. 창의력은 우리가 하나님께서 예배를 어떻게 인도하실지 기도하고 겸손히 경청하는 데서 시작한다. 예배 인도자들은 주일 예배가 다가오기 전부터 예배를 위해 하나님의 음성에 귀

---

1. 송셀렉트는 기독교 저작권 라이센싱(Christian Copyright Licensing, LLC)에서 운영하는 유료 악보 사이트다. 저작권자가 직접 등록한 원곡 악보의 가사와 단선 악보, 화음 악보를 계정에 따라 차등 이용할 수 있다. https://songselect.ccli.com
2. 프레이즈차트는 예배 사역자들에게 고품질 찬양 악보를 제공하려고 1998년에 설립된 유료 악보 사이트다. 녹음된 음원의 독특한 편곡을 그대로 채보한 악보를 제공한다는 점이 특징 이다. https://www.praisecharts.com

기울인다. 우리가 하나님의 음성을 들을 때 적절한 방법으로 하나님을 섬길 수 있다. 잊지 말자, 바른 경청이 바른 조직을 좌우한다. 목회자와 예배 인도자와 교역자들이 하나님의 음성에 귀 기울이면 하나님은 바른 예배를 위해 말씀하신다(사도행전 13장을 보라.). 에베소서 1:22~23은 우리에게 "교회는 그리스도의 몸이요, 만물 안에서 만물을 충만케 하시는 분의 충만함입니다."라고 말한다. 예수님은 우주가 시작되기 전부터 하나님과 계셨으며 온 우주와 땅과 하늘과 만물을 창조하신 하나님의 말씀이시다.

> 22 하나님께서는 만물을 그리스도의 발 아래 굴복시키시고, 그분을 만물 위에 교회의 머리로 삼으셨습니다. 23 교회는 그리스도의 몸이요, 만물 안에서 만물을 충만케 하시는 분의 충만함입니다. (엡 1:22-23)

예수님은 우리가 놀라운 창의성으로 아버지께 영광 돌리도록 기름 붓기 원하시는데 정작 우리는 "어떤 음악을 사용해야 하는가" 같은 사소한 논쟁으로 시간을 낭비한다. 우리는 하나님을 위한 예배의 핵심인 임재와 영광과 성령의 감동에 집중하지 않고 빠른 노래와 느린 노래의 비율 같은 소모적인 논쟁에 너무 많은 시간을 소비한다. 조직과 체계화는 우리가 예배하지 않을 때도 일어난다. 우리가 주일 예배를 준비하는 모든 중간 과정이 곧 "조직"의 한 부분이기 때문이다. 조직과 창의성은 서로 뗄 수 없다. 효과적인 조직을 위해 창의성이 필요하고 창의성의 효과적인 실현을 위해 조직이 필요하다. 행정이라는 영적인 은사는 노래를 만들고 곡을 연주하는 것처럼 창의적이고 예술적인 일이다. 기름 부음 받은 행정가는 여러 가지 일을 주의 깊게 관찰하고 기도하면서 하나님의 지시를 기다린다. 기름 부음이 능력을 더한다는 점에서 나는 기름 부음을 "능력의 스테로이드STEROID"라고 표현하고 싶다. 기름 부음은 오병이어(마 14장)에 성령의 능력이 더해질 때 나타나는 기적과 같다. 기름 부음은 우리를 높은 곳으로 이끄는 하나님의 방법이다!

내 친구 수잔SUSAN FONTAINE-GODWIN은 "창의력의 강둑CREATIVE RIVERBANKS"이라는 워크숍을 열었다. 수잔은 물이 강둑을 따라 흐르는 것처럼 조직과 행정이 같이 가야 한다는 점에서 "창의력의 강둑"이라는 이름을 붙였다. 나는 수잔의 강둑 비유가 참 좋다. 예술적인 사람들에게는 정확한 구조와 형태, 조직과 행정, 적절한 책임감이 필요하다. 우리는 교회 안의 다양한 은사처럼 행정의 은사를 인정하고 환영해야 한다. 만일 교회 안에 행정의 은사가 없다면 사방에서 창의력이 쏟아져 나와 교회는 난장판이 될 것이다. 예배 사역자는 창의력이 바르게 흐르도록 돕는 행정의 은사를 가진 사람들이 필요하다.

교회와 예배 사역에 행정가들은 반드시 필요하다. 행정가는 다른 모든 직임과 마찬가지로 그리스도의 몸 된 교회의 귀한 선물이며 교회는 행정가들의 수고를 존중해야 한다. 행정가의 한 영역인 재정 위원회를 당신의 적으로 만들 필요가 없다. 목회자들 역시 예배 사역자들의 적이 아닌 최고의 친구이자 지원자이며 예배 사역자들은 항상 목회자의 마음을 확인하고 기도해야 한다. 또 교회의 집사님들 역시 예배 사역자들의 친구다. 당신의 마음을 집사님들과 나누고 하나님께서 당신에게 말씀하시는 것을 그들에게 알려라. 예배 사역자들이 사용하는 언어가 행정가들에게는 마치 방언처럼 알아 듣기 어렵다는 점을 인정하고 쉽게 설명할 필요가 있다. 아예 문서로 만들어 주는 것도 좋다. 예배 사역자가 행정가들에게 예배의 비전을 제시해야 행정가들이 예배 사역자가 생각하는 하나님 나라에 공감할 수 있다. 가능하다면 예배 사역자가 자신을 조금씩 조직화시켜서 가끔 행정가들을 놀라게 하면 서로 행복해지지 않을까?

조직화되지 않은 사람 vs 혼란한 사람

나는 두 종류의 사람이 있다고 생각한다. 조직화되지 않은 UNORGANIZED 사람과 혼란한DISORGANIZED 사람들이다. 조직화되지 않은 사람들은 아예 아무것도 조직화할 생각이 없는 반면 혼란한 사람들은 조직화하려는 열망은 있지만 어떻게 해야 할지 방법을 모른다. 자, 만일 당신이 혼란한 사람이라면, 괜찮다. 어떤 사람들은 무언가를 체계적으로 정리하는 것을 힘들어하지만 이것은 본성의 옳고 그름의 문제가 아니며 그저 서툰 것일 뿐이다. 예배 인도자를 포함한 교회 지도자들은 회중을 위해 체계화하고 조직하는 능력이 필요하다. 예를 들면 오랫동안 세상속에 살던 사람들이 교회에 나오자마자 좋은 신앙을 가졌다고 말하기는 어렵다. 물론 그 믿음은 순수하겠지만 믿음이 견고한 것과는 다르다. 이때 체계화와 조직화의 방편으로 새 신자 프로그램을 만들어서 바른 신자가 되도록 도울 수 있다. 그러므로 만일 당신도 교회의 지도자이지만 조직하는 일에 영 소질이 없는 혼란한 사람 중의 한 명이라면, 당신을 도울 사람을 찾아야 한다.

우리가 삶과 사역으로 분주할 때는 먼저 우선순위를 정해야 한다. 어떤 때는 당신이 맡은 사역의 한 부분을 다른 사람에게 넘기는 과감한 결단이 필요하다. 나 역시 삶의 우선순위를 지키지 못할 때 깊은 좌절감을 느끼곤 했으며 그 결과 내 사무실 선반 위에는 정리되지 않은 음악 CD가 산더미처럼 쌓이고 처리하지 못한 일이 늘어갈 때, 모든 일정을 멈추고 이리저리 흩어진 것을 깨끗하게 정리하곤 했다. 만일 당신의 예배 자료들이 예배 센터, 사무실, 자가용 등 여기저기에 흩어져서 제때 찾기 어렵다면 그것은 잘못된 것이다. 정돈되지 않은 삶은 사역에 부정적 영향을 끼치고 나아가서는 우리가 섬기는 예배팀에게 나쁜 영향을 끼칠 수 있음을 반드시 기억하라. 주변의 사람들에게 당신이 조직적이고 체계적인 사람인지 아닌지 직설적으로 물어보고 솔직한 답변을 들어라. 만일 당신의 친구들이 당신에게 혼란스럽고 체계적이지 않다고 말하면, 부끄러워하지 말고 겸손한 마음으로 친구들에게 도움을 구하라. 당신이 삶과 사역을 체계화하는 조직력을 키우면 팀과 회중이 당신의 말에 주의를 기울이고 충고를 잘 받아들일 것이다. 예배 인도자에게 필요한 세 가지 조직 영역이 있다.

1. 일정
2. 사전 연습
3. 음악 자료 정리

1. 당신의 일정을 체계화하라.

예배 사역자의 일정은 끝이 없다. 주일 예배를 끝내면 주 중 모임이, 주 중 모임을 끝내면 주일 예배가 다가온다. 다양한 사역(전통적이든, 현대적이든 또는 이 두 가지가 혼합된 것이든)을 정신없이 섬기다 보면 당신의 영적인 잠재력이 완전히 소진되기 때문에 일정을 체계적이고 조직적으로 관리하는 것이 매우 중요하다. 여기 주간 일정을 구성하는 몇 가지 아이디어를 제시한다.

1) 미리 준비해서 예방하라

되도록 갑작스럽게 사역 일정을 잡지 말고 다른 부서의 계획과 그 일의 구체적인 준비를 잘 지켜보라. 사역하다 보면 담임 목회자와 사역자들이 주중에 갑작스러운 일정이나 계획을 만들고 예배 인도자에게 미리 말해 주는 것을 잊어버린 체, 토요일 밤이나 주일 아침에 갑자기 결과를 요구할 때가 있다. 예를 들면 목회 회의에서 2주 후에 열릴 결혼 세미나에 파워포인트 프레젠테이션을 활용하자는 의견이 나왔다고 하자. 목사님은 그 주일이 다가올 때까지 계속해서 예배 인도자인 당신이 주도적으로 프레젠테이션을 만들어 내는 모습을 보고 싶어 한다. 하지만 당신은 한숨을 쉬며 작게 중얼거린다. "이건 예배 사역과 상관없는 일인데…" 만일 당신이 담당하는 예배와 창조적 예술 <small>WORSHIP AND CREATIVE ARTS</small> 안에 영상 미디어도 포함된다면, 당신은 어떻게 반응할 것인가? 계획에 없던 갑작스러운 업무에 이미 세워진 계획을 포기하고 시간을 쥐어짜야 할지도 모른다. 이런 상황을 피하면 사전 예방이 필요하다.

사전 예방을 위한 몇 가지 팁

● **당신이 큰 그림의 한 부분임을 기억하라.** 효과적인 지도자가 되려면, 모든 사람의 유익을 추구하고 교회의 전체 일정 속에서 가능한 모든 일정을 미리 알아야 한다. 만일 미디어 영역이 당신의 책임이라면, 그 사실을 사람들이 미리 알 수 있도록 충분히 알리는 것이 갑작스러운 상황을 예방한다.

● **변화에 주의하라.** 교회의 세부적인 일정이 언제든지 바뀔 수 있음을 인정하고 변경 사항이 없는지 확인하라. 다른 부서의 담당자들과 수시로 의견을 나누고 그들을 격려하라. 물론 그들에게 당신이 맡은 구체적인 업무 일정을 미리 알려주는 것도 중요하다.

● **충분히 소통하라.** 교회를 포함한 거의 모든 조직의 핵심 문제는 소통의 부재에 있다. 소그룹도 원활한 소통이 어려운데 큰 교회는 얼마나 더 어렵겠는가? 필요하다면 이메일이나 메신저로 사역자 전체나 부서별로 채팅방을 만들어 각자의 업무를 교환할 수 있다. 가능하다면 각 부서의 세부적인 일정까지 상세하게 나누라. 당신이 예배 사역을 맡았다면 교회의 전체 예배가 어떤 방향으로 흘러갈지 담임 목회자에게 미리 질문하고 각 부서의 의견을 취합하여 부서 예배의 방향을 정리하여 목회팀의 승인을 받은 후 나누면 좋다.

2) 매주 마다 당신의 목표를 확실히 파악하라.

교회는 대부분 매주 사역의 전체적인 흐름과 형식이 크게 바뀌지 않고 비슷하다. 사실 이 일정에서 당신이 조절할 수 있는 영역은 거의 없다. 설교자와 예배 인도자는 주일 예배를 이끄는 대표적인 인도자들이다. 예배 인도자는 예배를 더 좋게 만들거나 더 나쁘게 만들 수 있다. 예배 인도자의 선택과 반응과 인도로 회중의 주일 예배가 달라진다. 가능한 한 매주 반복되는 예배를 멀리 보고 몇 주 전부터 준비하면서 예배 인도자와 담임 목회자가 좋아하는 예배에서 한발 더 나아가 하나님께서 만족하실 예배를 드리는 데 집중하라.

매 주마다 성공적인 예배를 드리기 위한 몇 가지 팁

● **담임 목회자와 예배 담당자들과 미리 대화하라.** 당신의 교회는 누가 예배 사역을 책임지는가? 어떤 교회는 담임 목회자가 예배 팀의 세부적인 것을 결정하고 인도자들은 그것을 따른다. 또 다른 교회에서는 실제 예배 인도팀에 참여하지 않는 일종의 "위원회"가 예배에 영향을 끼치기도 하며, 드물게 예배 인도자가 회중을 위한 노래나 각종 미디어를 결정하고 보급하며 소통하는 막중한 책임을 맡기도 한다. 당신에게 가장 필요한 것은 예배 사역의 최종 책임자와 허심탄회하게 예배의 방향을 나누고 조화를 이루는 것이다.

● **계획을 세워라.** 많은 예배 인도자가 미리 계획하는 것을 힘들어하지만 예배 인도자는 주일 밤이나 월요일 아침에 달력 앞에 앉아 미리 한 주, 혹은 한 달의 예배 계획을 세울 수 있어야 한다. 예배

인도자가 금요일이나 토요일에 급작스럽게 곡을 바꾸는 것보다 화요일에 미리 곡을 바꾸면 가사 담당자가 정말 고마워하지 않을까? 하지만 우리의 목표는 몇 주, 혹은 몇 달 전에 미리 예배를 생각하고 계획하는 것이다. 항공기 조종사들은 비행 전에 미리 비행 계획을 제출한다. 조종사들은 절대 우연이나 운이 아닌 비행 계획을 따라 목적지와 도착 시각, 운항에 필요한 연료와 기상 상태를 확인하고 숙지한다. 우리가 항공기를 타고 여행할 때 조종사가 미리 완벽하게 준비하면 얼마나 든든하고 고마운가? 하지만 만일 그 반대라면 어떨까? 당신이 타는 비행기의 조종사가 전혀 준비되지 않았다면 불안한 정도가 아니라 그 비행기에 타고 싶지 않을 것이다.

마찬가지로 많은 예배 인도자와 목회자가 예배의 분명한 목적지는 있지만, 그 목적지까지 갈 계획을 미리 세우지 않는다. 많은 예배 인도자가 충분한 사전 계획 없이 마치 "자동 운항 모드"처럼 예배한다. 예배 인도자와 목회자는 반드시 예배에 앞서 어떻게 지성소로 나갈지 분명한 계획을 세워야 한다. 예배는 종이비행기를 날리는 것이 아니라 하나님께 드리는 귀한 예물이다. 드물지만 어떤 예배 인도자들은 예배 때 사용할 곡을 미리 뽑지 않고 즉흥적으로 인도한다. 과연 당신은 예배에서 어떤 노래를 부를지, 노래와 노래를 어떻게 연결할지, 노래의 박자나 키를 어느 지점에서 어떻게 바꿀지 대비할 수 있을까? 미리 곡을 뽑지 않고 예배를 인도하는 것은 매우 위험하다. 효과적인 선곡을 위해 필요하다면 인테그리티 뮤직이나 빈야드, 워십 투게더 같은 회사의 자료를 이용하는 것도 좋다. 예배는 미리 계획한 대로만 흘러가지는 않기 때문에 나는 예배를 인도할 때 노래 가사와 제목, 박자와 코드, 주제를 항목별로 정리한 문서를 담은 노트북을 꼭 지참한다.

● **당신이 맡은 사역을 다른 사람과 나눠라.** 사역의 성취를 위한 또 다른 비결은 당신이 맡은 사역을 다른 사람과 창의적으로 나누는 것이다. 성공적인 예배를 위한 계획과 실천을 위해 다른 사람과 연합해야 한다. 절대 당신 주변의 사람들을 수동적으로 내버려 두지 말라. 하나님의 영광을 위해 주변 사람들이 가진 고유한 은사를 발휘하도록 도전하고 기회를 주라. 인도자 혼자 모든 것을 계획하고 실천하는 것은 예배 팀이 더 큰 하나님의 은총을 누릴 길을 막는다. 때때로 사람들의 은사와 재능을 끌어내는 데 큰 노력과 시간이 필요하지만, 포기하지 말고 다른 사람과 함께하도록 노력하라. 필요하다면 예배 팀과 효과적인 팀 사역을 돕는 책을 읽고 의논하라. 다른 사람과 함께 하는 "기술"은 쉽게 배울 수 없다. 하지만 인도자에게 필수적인 자질이므로 열심히 연구하고 실천하라.

3) 당신의 일정을 관리하라

예배 인도를 하다 보면 종종 계획에 없던 일정에 참여할 때가 있다. 사역에서 당신의 일정을 완벽히 통제하는 것은 사실 불가능하다. 다른 부서의 예배를 인도하고 단체 회식에도 참여해 달라는 요청은 흔하다. 당신에게 오는 모든 외부 요청을 혼자 다 해결할 수 없으니 팀에서 당신 대신 외부 일정을 감당할 사람을 2~3명 정도 세우면 일정을 더 효과적으로 관리하고, 당신이 굳이 할 필요 없는 일

을 줄일 수 있다. 예배 인도자로서 당신에게 가장 중요한 우선순위
는 예배 인도와 예배팀을 관리하는 것임을 잊지 말라.

일정을 관리하는 몇 가지 팁

● **모든 것을 기록하라.** 예배 인도자들이 자주 하는 실수는 일정
과 계획을 기록하지 않는 것이다. 아주 소수의 사람만이 모든 약속
과 일정을 기록하지 않고 기억하는 능력이 있다. 안타깝게도 나와
당신을 포함한 대부분의 사람은 기록하지 않으면 기억하지 못하는
부류에 속한다. 일정을 기록하면 계획적으로 시간을 관리할 수 있
으므로 쓸데없이 시간에 쫓기거나 낭비할 필요가 없어진다. 하지만
일정을 기록하지 않으면 약속을 잊고 마감 시간을 놓쳐서 책임감 없
는 사람이 된다. 지금 당장 일정과 계획을 기록하기 시작하라.

● **교회 일정과 가족 일정을 사전에 잘 조율하라.** 나는 여러 번
교회 일정과 가족 일정을 잘 조율하지 못해 곤경에 처한 적이 있다.
예를 들어, 중요한 가족 기념일에 사역 일정을 잡았을 때 말이다. 더
안타까운 것은 그 사역이 반드시 내가 해야 할 필요가 없을 때다. 물
론 그 반대도 있었다. 가족들과 휴가나 특별한 외식을 계획했을 때,
부득이하게 교회의 특별 집회가 겹쳐서 목사님과 스태프가 곤란한
적도 있었다. 약간의(하지만 많은 대화가 필요한) 사전 일정 조율이 이런
곤란한 상황을 효과적으로 해결할 수 있다.

● **더 효과적인 사역을 위해 휴식을 계획하라.** 모든 사람에게 재충전을 위한 충분한 휴식이 필요하다. 내가 아는 예배 인도자는 대부분 풍부한 이상과 높은 목표치를 성취하려는 욕구와 투지로 충만한 "달리는 사람들"이다. 예배 인도자들은 곡을 쓰고 음악을 만드는데 밤을 새울 정도로 강력한 집중력을 발휘한다. 또 음악 자료를 정리하고 사람을 만나는 행정 업무로 시간을 보낸다. 예배 인도자들에게 가장 힘든 일은 휴가를 내고 일에서 완전히 멀어지는 것이다. 심지어 어떤 예배 인도자들은 곡을 쓰려고 휴가 가는 것을 보면, 예배 인도자에게 아무 일도 하지 않고 쉬는 것은 정말 힘든 일인 것 같다. 하지만 휴식은 창세기 1장 말씀에 근거한다. 하나님도 6일 창조 후에 7일째 안식을 취하시면서 휴식의 모범을 보이셨다. 우리는 개인과 가족의 회복을 위해 휴식을 계획하고 실천해야 하며, 만일 그러지 않는다면 성취하는 것보다 더 큰 손실을 경험할 것이다.

2. 사전 연습 준비하기

예배 사역을 시작하고 나서 나에게 사전 연습은 언제나 큰 부담이었다. 나는 무엇을 해야 할지, 팀에게 무엇을 전달해야 할지, 예배팀과 어떻게 소통해야 할지 전혀 몰랐기 때문에 당연히 사전 연습 시간은 음악적, 영적 준비보다 어색하게 서로 얼굴만 보다 끝나는 시간이 많았다. 그렇게 어색한 사전 연습을 진행하던 어느 날 나는 내가 예배 인도자이며, 예배팀은 내가 사전 연습 시간을 확신 있게 인도하기를 바란다는 사실을 깨달았다. "나는 예배 인도자다." 이 사실을 이해한 순간 상황이 좋아지기 시작했다. 아마도 당신은 "뭐라고? 단지 예배 인도자라는 것을 깨닫고 상황이 좋아졌다고?" 라고 반문하겠지만, 생각보다 많은 인도자가 자신의 지도력을 잘 사용하지 못한다. 효과적인 지도력 외에는 사전 연습의 다른 대안이 없다. 당신은 어떤 방식으로 사전 연습을 진행하는가?

사전 연습을 인도하는 몇 가지 팁

● **당신이 맡은 팀을 알아야 한다.** 예배 인도자는 누구보다 매주 함께 서는 예배팀을 잘 알아야 한다. 당신의 예배팀과 활달하고 적극적인 관계를 맺으면 언젠가 닥칠지 모르는 불가피한 어려움을 극복하는 데 큰 도움을 준다. 의견 불일치나 분쟁은 언제든지 일어날 수 있다. 때로는 큰 문제로 발전하는 불화는 평소에 팀 내부적으로 끈끈한 관계라면 충분히 해결할 수 있다. 팀 사역의 가장 큰 문제는 인도자가 팀원과 충분한 관계성을 맺지 않는 것이다. 팀과 깊고 원만하고 충분한 관계를 맺으면 자연스럽게 각 개인의 역량과 기능을 이해하고 적재적소에 구성원을 배치할 수 있다.

만일 당신이 예배 인도자로서 예배팀과 충분한 관계를 맺지 않았다면 지금이라도 관계 개선을 위해 노력하라. 팀 구성원에게 당신의 비전과 가치, 각 개인을 향한 소망을 좋은 관계 안에서 전달하라. 구성원들이 인도자의 방향성이나 목표, 각 개인을 향한 기대감을 알 수 없다면 어떻게 인도자를 따르면서 자기 역할을 다하겠는가? 반드시 기억하라. 예배팀 구성원이 승리하지 못하면 인도자도 승리할 수 없다. 당신에게 맡겨진 팀원 한 사람 한 사람을 잘 알아야 한다. 그들이 어려움과 고통에 빠지면 같이 기도하고, 그들이 승리하면 같이 기뻐하는 것이 참된 코이노니아^{KOINONIA}이며, 연합이고, 진정한 교제다. 이것이 함께하는 삶이다.

● **당신이 맡은 일을 잘 이해해야 한다.** 예배팀의 사전 연습 목표는 무엇인가? 당신은 다음 예배를 위해 예배팀에게 어떤 기대를 하는가? 예배팀이 맡은 책임을 완수하는 것을 막는 장애물은 무엇이며 어떻게 극복할 것인가? 예배 실전에서 당신과 예배팀의 목표를 성취하는 최고의 방법은 무엇인가? 사전 연습의 초점은 다양하게 바뀔 수 있다. 때때로 주일 예배에서 처음 부를 노래를 미리 익히거나 어떤 때에는 음악적인 것보다 영적인 것에 집중해야 할 때도 있으며 또 다른 때에는 예배팀 구성원의 삶을 나누고 기도해야 할 때도 있다. 중요한 것은 효과적인 사전 연습을 위해 "일"이 아닌 "팀"에 집중해야 한다는 점이다. 아무래도 인도자는 예배팀과 같이 시간을 보내는 데 한계가 있으므로 연습 전에 미리 그날의 주요 목표를 설정하는 것이 시간을 효과적으로 사용하는 데 좋다.

● **당신의 사전 연습 시간을 파악하라.** 주일 예배를 제외하고 주중에 예배팀과 얼마나 같이 시간을 보내는가? 아마도 당신이 예배팀과 같이할 유일한 시간은 사전 연습을 위해 모이는 2시간 정도이므로 효과적인 사전 연습을 위해 각 파트가 충분히 연습하도록 시간표를 준비해야 한다. 사전 연습에서 가장 중요한 것은 무엇인가? 리듬 악기를 위한 연습인가? 보컬 파트가 화음을 익히는 것인가? 과연

2시간이라는 짧은 시간에 모든 파트가 충분한 연습을 할 수 있을까? 만일 그렇지 않다면 우리는 어떻게 해야 할까? 때때로 인도자와 연주자가 리듬이나 선율을 익히려고 악기 연주를 반복하는 동안 싱어는 계속해서 노래를 반복하거나, 할 일 없이 서 있어야 하는데, 싱어 입장에서 매우 지루한 일이다. 내가 생각하는 대안은 악기와 싱어 파트를 분리해서 각자에게 가장 필요한 연습을 하는 것이다.

미리 잘 준비되지 않은 사전 연습은 인도자의 비현실적인 기대감에 뿌리를 둔다. 우리 주변에 예배팀이 익히기 어려운 음악을 골라서 사전 연습 2시간 만에 완벽하게 해낼 것이라고 착각하는 예배 인도자가 얼마나 많은가? 혹시 예배팀의 음악 실력보다 인도자의 기대감이 과도하게 높지는 않은가? 종종 예배팀을 향한 인도자의 과한 기대감은 담임 목회자나 회중에게 좋게 보이려는 마음에서 나온 것이 많다. 우리가 섬기는 하나님 나라의 원칙은 자기의 유익을 구하는 것이 아니다. 당신의 예배팀 사전 연습 계획은 예배 인도자의 만족을 위한 것인가 아니면 예배팀과 회중을 섬기기 위한 것인가? 당신의 사전 연습은 계획성 있게 준비되었는가?

3. 당신의 음악 자료를 관리하라

지금은 예배 음악의 과잉이라고 해도 될 정도로 많은 예배 자료를 구할 수 있다. 이제는 예전처럼 예배 인도자가 "자료가 없어서" 예배를 준비하기 어렵다는 핑계를 댈 수 없는 시대다. 많은 음반사 및 출판사가 음반과 자료를 제작하고 예배 잡지나 인터넷으로 적극 판매한다. 또 간단한 인터넷 검색으로 수많은 사람이 올린 자료를 찾을 수 있다. 기독교 저작권 라이선싱 인터내셔널 CCLI(Christian Copyright Licensing International)와 Paisecharts.com, worshiptogether.com에서도 예배 음악 자료를 구할 수 있다. 하지만 아무리 좋은 최신 예배 음악이라도 사람들은 익숙하고 편안한 음악으로 돌아가려는 경향이 있으므로 시간이 지나면 회중의 불만 어린 목소리가 들린다. "저기, 죄송한데요, 이제 다른 노래 좀 부르면 안 되나요?", "이젠 너무 익숙해서 노래할 때 아무 느낌이 없어요." 이런 회중의 불만이 예배 인도자의 마음을 무겁게 할 때, 반대로 예배 팀원은 새 곡이 너무 많다는 항의를 할지도 모른다. 예배 인도자가 회중에게 귀 기울이는 것은 좋은 일이지만 회중의 선호와 호응에 의지하면 결국 예배 사역의 바른 방향과 목적을 잃고 휘둘리다 서로 실망하고 탈진할 위험이 크다. 예배 인도자는 꾸준히 최적의 음악 자료를 정리하고 관리해야 한다.

예배 음악 자료를 관리하는 몇 가지 팁

● **음악 자료를 한 곳에 정리하라.** 예배 음악 자료를 잘 관리하기 위한 최고의 방법은 한 곳에 모아 두는 것이다. 당신의 예배 음악 자료가 어떤 것은 책상에, 어떤 것은 서랍에, 어떤 것은 방 이곳저곳에 흩어져 있다면 주일 예배를 준비하면서 필요한 곡을 빠르게 찾기 어렵다. 당신의 예배 음악 자료를 한곳에 가지런히 모아서 제목, 코드, 빠르기, 주제별로 정리하라. 지금 실천하라!

● **음악 자료를 컴퓨터 자료화하라.** 나는 컴퓨터에 자료를 저장한다. 아마 내 자료를 다 종이로 인쇄한 악보로 보관한다면 그 분량이 엄청나고 찾기도 어려울 것이다. 하지만 컴퓨터는 예배 자료를 효과적으로 저장하고 찾는 데 아주 좋다. 내가 직접 간 종이 악보 몇 가지는 책장에 보관하지만 거의 모든 자료를 내 컴퓨터에 저장한다. 예배를 위한 곡목을 만들 때, 기도하면서 몇 번의 마우스 클릭만으로 성령님께서 감동하시는 곡을 찾아내는 것은 정말 멋진 일이다!

● **음악 자료를 관리할 시간을 만들어라.** 나는 예배 사역을 위해 정리한 컴퓨터 자료 외에 3개의 링 바인더를 추가로 사용한다. 이 바인더에 가사와 주제, 코드와 빠르기로 정리된 200곡이 들어 있다. 만일 당신이 인도하는 예배에 하나님의 임재가 충만할 때, 준비한 곡 외에 또 다른 곡이 생각났는데 링 바인더가 제대로 정리되지 않아 필요한 곡을 찾을 수 없다면 얼마나 속상할까? 그래서 나는 매주 월요일마다 지난 주일에 사용한 예배 자료를 잘 정리하는데, 이 단순한 작업을 안 하면 크고 복잡한 상황에 부닥칠 가능성이 크다.

예배 사역을 잘 조직하고 체계적으로 관리하는 것은 그리스도의 몸 된 교회 안의 다른 영적인 은사만큼 중요하고 영적인 일이다. 예배 사역은 음악 재능이 있는 사람만 참여하는 것이 아니다. 당신의 주위에 행정과 섬김의 은사가 있는 사람을 예배팀에 받아들여 사역의 균형을 이루고 더욱더 발전시켜라.

5장 세 번째 비결 : 관계
KEY THREE : RELATIONSHIPS

신자의 대부분이 다른 사람을 섬기도록 도전받은 적도, 준비한 적도 없으며 의무감 때문에 습관적으로 교회에 나와 사역을 소비할 뿐이다. - 조지 바나 GEORGE BARNA

스스로 하나님과 친밀하다고 주장하는 사람들조차 자신의 연약함과 미숙함으로 사람들과의 관계를 엉망으로 만드는 모습을 종종 볼 수 있다. 현대 교회와 신자들의 모습은 마치 사랑하는 자녀에게 비싼 장난감을 사주려고 밤낮 일하는 아버지의 모습과 같다. 아이들이 진심으로 원하는 것은 아버지와 같이 있는 것이지 아버지의 장난감이 아님에도, 현대 교회는 성도들의 유익을 위한다는 명목으로 많은 프로그램과 모임을 만든다. 하지만 이런 프로그램들이 정작 교회 안에 선별된 소수를 위한 모임으로 전락하고 가난한 사람이나 고아와 과부는 홀대받는다. 또 견고할 것 같았던 사역자들이나 그리스도인의 결혼 생활은 세상의 믿음 없는 사람들의 관계만큼 쉽게 깨지는 것처럼 보인다. 결혼의 중요성을 강조하던 사역자들이 결혼에 실패하는 모습을 보는 것은 정말 비극적인 일이다.

우리는 교회 안에서 관계와 친교가 중요하다고 가르치지만, 막상 관계를 지키고 친교를 넓히는 데 큰 어려움을 겪는다. 목사들과 예배 인도자들은 사역의 사다리를 타고 이 교회에서 저 교회로 옮기면서 점점 더 크고 유명한 교회로 올라가려는 것처럼 보이고 교회는 분열되며 교회를 섬기던 사람들이 낙심한 체 교회를 떠나려고 몸부림친다. 어떤 예배 인도자들은 자신의 음악 스타일과 찬양 선곡, 추구하는 음향 스타일에 동의하지 않는 회중 때문에 분노하며 어떤 회중은 자기가 싫어하는 노래를 고래고래 소리 지르며 부르는(것처럼 느껴지는) 예배 인도자 때문에 불편해하고 분노한다.

예배팀을 보면 구성원 중 절반 정도만 헌신하며 그중에서도 아주 적은 한 두 사람만 인도자를 전적으로 따라가는 것처럼 보인다. 예배 팀원들은 예배팀의 실제 역할보다는 그저 속할 곳이 필요한 사람들 같고 악기 연주자들은 이런 핑계 저런 핑계로 예배를 위한 사전 연습에 거의 참여하지 않는다. 한 젊은 여성 예배 인도자가 내게 이메일로 자기가 섬기는 예배팀의 "성격 강한" 사람들 때문에 큰 스트레스를 받고 건강까지 나빠져서 사역을 내려놓았다고 하소연했다. 과연 우리는 어디서부터 잘못된 것일까? 건강한 관계성은 변화를 추구하는 예배 인도자에게 매우 중요한 자질이다. 우리는 어떻게 관계성을 키울 수 있을까? 다음 세 영역에 답이 있다.

1. 하나님과의데이트 : 관계 소비주의의 문제
2. 교회를 향한 하나님의 목적
3. "관계 건축가"로서 우리 역할

예배 인도자는 이 세 영역에 주의하지 않으면 회중을 예배 인도라는 목표를 성공적으로 완수하기 위한 부품이나 도구쯤으로 여기는 나쁜 태도가 생기고 결국 관계 건축가로서 그리스도의 사랑으로 회중을 세우는 기회를 놓치게 된다. 예배 인도자는 관계 건축가다.

하나님과의 데이트 : 관계 소비주의의 문제

하나님과의 데이트라는 말을 들어봤는가? 신자들의 신앙생활은 마치 하나님과 데이트를 하는 것 같다. 낭만적으로 들리기도 하는 이 말은 사실 그리 좋은 의미는 아니다. 사람들은 만나고 싶은 사람과 데이트하기 전에 결혼 정보 회사를 통해 미리 여러 가지 항목을 비교하고 점수를 매기며 선별한다. 그런데 신자들도 하나님께 이런 태도를 보인다. 때로는 사람들이 교회에 오는 이유가 하나님이 우리의 좋은 인생 파트너가 될 수 있을지 궁금하기 때문인 것처럼 보인다. 과연 결혼 정보 회사에서 만남을 주선할 때 서로 점수를 매기는 것처럼 우리가 하나님께 점수를 매기고 평가할 수 있을까?

결혼한 배우자가 나의 청구서를 결제해주고, 정서적 욕구를 채워주고, 직장을 잃고 우울해지면 위로해 주듯, 하나님도 나를 위로해 주실까? 하나님도 내가 좋아하는 음식을 좋아하실까? 하나님도 춤을 좋아하실까? 우리는 눈에 보이지 않는 하나님과 무엇을 함께 할 수 있을까? 하나님께 어떤 말씀을 드려야 할까? 어떻게 해야 하나님이 나를 좋아하시는 것을 알 수 있을까? 정말 하나님이 내 편일까? 이런 수많은 질문에 하나님께서 응답하신다면 궁금점은 풀리겠지만, 이것이 우리가 하나님과 참된 교제를 맺는 증거는 아니다.

당신은 이 질문들의 한 가지 공통점을 눈치챘는가? 그것은 "데이트하고 싶은 사람^{DATERS}"의 관점이 철저히 자기중심적이라는 것이다. 사실 우리는 어느 정도 자기중심적이어서 내가 하나님과 다른 사람들에게 무엇을 줄 수 있는지보다 내가 하나님과 다른 사람에게서 얼마나 받을 수 있는가를 중요시한다. 그러나 우리는 다른 사람을 위해 기쁘게 헌신하고 친밀한 관계 안에서 신뢰하고 안정감을 누리도록 창조되었다. 하지만 아담이 하나님만 의지하는 삶 대신 하나님으로부터 독립을 선택한 후로 모든 것이 바뀌었다. 다른 사람을 위해 기쁘게 헌신하는 것이 어려워졌고, 관계에서 안정감을 느낄 수 없으며, 다른 사람보다 자기 자신을 더 사랑하는 불행한 삶이 펼쳐졌다. 아담과 하와가 에덴동산에서 쫓겨난 뒤, 언약의 보증은 끝이 났고 창세기에서 단 한 장이 지나자마자 예배 형식 때문에 형제 간에 살인 사건이 벌어졌다. 예배 때문에 최초의 살인이 일어났다.

관계 소비주의는 교회의 고질적인 문제다. 사람들은 서서히 하나님 안에서 참된 정체성이 아니라 교회에서 맡은 일로 자신을 판단하며 사역자들은 교회를 방문하는 사람들을 "잠재적 기부자" 정도로 생각하고 예배 인도자는 교회에 등록한 새 교인을 그저 예배팀의 새 연주자와 예비 싱어 후보라고 생각한다. 우리는 새 방문자들의 십일조와 시간과 재능을 잃어버릴까 봐 얼른 그들에게 영적 은사 목록을 보여주며 무엇이든 섬기지 않으면 하나님께서 기뻐하시지 않는다고 압박한다. 우리는 안타깝게도 성도들을 교회 프로그램에 열심히 참여하는 정도에 따라 판단하며 서로서로 한 번 쓰고 버리는 일회용품처럼 취급한다. 관계 소비주의는 중국에서 버려진 수많은 아이와 돌봄 받지 못한 수많은 노인을 외면하면서 자기만의 만족과 기쁨을 최고의 가치로 추구한다. 앤 라모트^{ANNE LAMOTT}는 Bird by Bird라는 책에 양로원을 방문한 이야기를 한다.

나는 지난 4년간 양로원을 방문했다. 사실 양로원을 방문하는 것이 그다지 즐겁지 않았지만, 이상하게 내 발걸음은 그곳을 향했다. 어쩌면 무의식적으로 언제가 나도 양로원에서 꽤 젊은 축에 끼는 할머니가 되면 도움받을 수 있다는 기대가 있었는지 모르겠다. 요양원에 들어서면 어르신들에게서 특유의 체취가 났고 복도를 조금 더 들어가면 마치 거리에 버려진 자동차처럼 여기저기 흩어져 있는 어르신들이 있었다. 나는 저절로 마음속으로 하나님께 나의 마지막 날이 양로원의 어르신들과 같지 않기를 기도했다. 하지만 나는 곧 이 어르신들도 내 나이였을 때 나처럼 기도했을 거라는 생각을 했다... 나는 양로원에서 어르신들의 암울한 미래와 존재의 의미를 찾으려고 고군분투했다. 결국 나에게 도움을 준 것은, 중세 수도사 로렌스 형제의 책이었다. 그는 하나님께서 사랑하는 사람이라도 겨울이 오면 잎이 떨어지고 색이 변하며 성장이 멈추는 나무와 같다고 했다.

우리가 관계 소비주의에서 벗어나려면 사람을 목적이나 목표의 성취 도구로 보지 않고 있는 그대로의 모습으로 보아야 한다. 하나님의 은혜로 구원받은 우리가 세상의 구원받지 못한 사람들을 죄인으로 보면서 승리감에 도취한다면 우리는 하나님께서 주신 바른 인간성을 잃어버리는 것이다. 우리가 사람들을 생활 방식과 정치 성향, 문화 배경으로 분류하고 꼬리표를 달아 판단하는 것은 하나님의 사랑이 흘러가는 것을 막는다. 사실, 안타깝게도 하나님의 은혜가 흘러가는 것을 막는 장애물은 원수 마귀가 아니라 우리인 경우가 많다. 변화를 추구하는 개혁적 예배 인도자는 자기의 편견과 관계 소비주의를 겸손하게 인정하고 회개하며 그리스도의 이름으로 모든 사람을 사랑해야 한다. 내 딸은 뮤지컬을 한다. 딸이 뮤지컬을 통해 예술의 세계로 들어갈수록 자신과 또 다른 생활 방식^{ALTERNATIVE LIFESTYLES}으로 사는 사람들을 더 많이 만날 것이다. 나는 딸이 누구를 만나든지 그들을 사랑하고 그리스도의 사랑을 보여 주라고 격려한다.

예수님 당시에 많은 사람이 왜 예수님께서 죄인들과 어울리시는지 이해하지 못하고 비난했다. 특히 바리새인과 율법 학자들이 예수님을 매우 비난했다. 마태복음 9장에서 바리새인들은 예수님께서 세리와 죄인들과 같이 있는 것을 보고 분노했다. 이스라엘 사람들의 세금을 걷어 로마에 바쳤던 세금 징수원 세리는 사람들에게 도둑 같았으며 일없이 빈둥빈둥 노는 술주정이나 직업 윤락 여성을 죄인과 동급으로 여겼다. 바리새인들은 하나님의 아들이 타락한 죄인들과 같이 있을 수 없다고 생각했다. 하지만 예수님은 분노한 바리새인들에게 건강한 사람은 의사가 필요 없으며 아프고 연약한 사람은 의사가 필요하다고 말씀하셨다. 예수님은 사람들을 교회의 물질이나 섬김을 공급할 존재로 바라보지 않으셨으며 섬기는 종의 눈으로 그들을 보셨다. 예수님은 그저 사람들을 있는 모습 그대로 바라보셨고 용납하셨으며 치유하셨다. 우리의 눈이 예수님과 같기를!

삼위 하나님의 초대 : 교회를 향한 하나님의 목적

에덴동산에서 아담과 하와의 범죄로 말미암은 원죄로 사람들은 하나님과의 친밀한 교제와 다른 사람과 함께 사는 능력^{ABILITY TO LIVE IN UNITY}을 잃어버렸다. 함께 사는 능력 안에 서로 도움을 주고받는 방법, 타인의 필요를 위해 우리가 풍성하게 가진 것(물질과 마음)을 공유하는 방법이 있다. 하나님은 계속해서 우리를 향해 끝없는 사랑을 표현하시면서 우리가 하나님의 마음으로 돌아가 친밀한 교제를 누리도록 초대하신다. 하나님은 우리를 위해 아들 예수 그리스도를 보내셔서 십자가로 아버지께 갈 길을 여시고 하나님과 사람이 연합하는 큰 기쁨을 회복하셨다. 이것이 하나님의 거룩한 초대의 정점이다. 삼위 하나님의 희생보다 더 거룩하고 값진 것은 없다.

하나님은 성부, 성자, 성령 삼위 하나님으로 완벽하게 상호 의존하신다. 하나님의 신격은 완전한 연합, 완전한 조화, 완전한 동기화^{SYNCHRONIZATION}로 존재하신다. 그래서 삼위일체는 그 자체로 완전하다. 이 땅의 모든 관계는 신격의 완전성을 나타내는 삼위일체를 반영하기 위한 모형이다. 예배의 궁극적인 목표, 하나님 나라의 목표는 무엇일까? 언젠가 주님과 흠 없는 관계로 얼굴과 얼굴을 마주하는 것이 우리의 목표다. 우리를 용서하사 죄에서 해방하기 위해 죽으시고 부활하신 그리스도를 믿을 때, 우리는 죄에서 자유로워지지만, 여전히 타락한 세상에서 살기 때문에 죄에서 완전히 벗어나기는 어렵다. 그 때문에 우리가 하나님이 원하시는 관계의 연합 속에서 살려면 하나님의 은혜가 절대적으로 필요하다. 예수님께서 가르쳐 주신 주기도문은 관계의 은혜를 알려준다.

우리가 우리에게 죄지은 자를 사하여 준 것 같이 우리 죄를 사하여
주시옵고 (마 6:12)

때로는 교회 안에서도 서로 은혜 베풀기가 쉽지 않다. 교회의 사
무 담당 간사가 당신에게 불친절할지도 모르고, 다른 성도들이나 심
지어 목회자가 당신을 불편하게 할지도 모른다. 예배 인도자가 반
복해서 듣는 불평이 있다. "그 노래를 또 불러요? 제발 연구 좀 하세
요.", "소리가 너무 커요. 귀가 아프니까 좀 줄여주세요.", 예배 팀원
은 이렇게 말한다. "죄송한데, 사전 연습에 못 가겠어요. 예배 때 바로
팀에 합류하겠습니다." 또 어떤 목사님들은 강단 앞 첫 줄에 앉아 예
배 인도자를 향해 노래를 반복하거나, 더 빠르게 부르라는 수신호를
끊임없이 보낸다. "빨리, 빨리, 더 빨리!" 예배 인도자의 마음은 괴롭
다. 또 다른 목사님은 아무 신호 없이 갑자기 강단으로 올라와 예배
를 중단시킬 때도 있고 어떤 신자들은 예배 중에 아이가 떠나갈 듯
울고 떠들고 뛰어다녀도 돌보지 않는다. 예배 인도자에게는 몇 배
의 인내와 은혜가 필요하다.

변화를 추구하는 예배는 우리와 우리가 사는 세상을 변화시킨
다. 변화를 추구하는 예배는 우리 안에 에덴동산을 회복한다. 에덴
동산은 하나님께서 직접 고안하신 "성소"였다. 에덴동산에 교회 건
물이 있었는가? 그렇지 않다. 하나님께서 계시는 에덴동산이 곧 성
소였다. 하나님은 에덴동산에서 아담과 하와와 친밀함 속에서 즐겁
게 교제를 나누셨다. 하나님은 아담으로 대표되는 인간의 타락 이
후, 하나님과 만날 수 있는 성소의 아이디어를 이스라엘에 주셔서

광야의 성막과 성전의 지성소를 회복하셨다. 에덴동산과 광야의 성막, 그리고 다윗의 장막과 솔로몬의 성전은 하나님의 궁극적인 성전인 우리 마음을 예표 하는 모형이다. 우리가 하나님의 성소로 들어갈 때, 하나님으로부터 오는 변화로 아름다워지고 심지어 영화로워진다.(롬 8) 이제 우리는 어디를 가든 마음의 성소에 하나님을 모신다. 우리가 메마른 광야에서도 마음의 성소에 하나님을 온전히 모시면, 생수가 흘러나와 주변을 새롭게 할 것이다. 과연 어떻게 이런 일이 일어나는가? 바로 이 땅 위에 그리스도의 몸 된 교회가 드리는 예배 안에서 일어난다. 우리를 향한 하나님의 궁극적인 목적은 우리의 예배로 천국의 예배, 천국의 성소를 이 땅 위에 나타내는 것이다.

관계 건축가 : 관계 속에서 그리스도를 본받기

바울은 교회의 관계성을 건축으로 묘사했다. 톰 라이너[THOM RAINER]와 에릭 가이거[ERIC GEIGER]는 에베소서 4:11~12에서 바울이 "세우려 하심이라"는 문장에 사용한 헬라어 "오이코돔"을 이렇게 설명한다.

"오이코돔"은 집을 지을 때 사용하는 건축 용어다. 이것은 하나님의 집을 짓는, 생명을 세우는 부르심을 보여준다. 당신은 역사상 전무후무한 아름다운 건물인 하나님의 집인 교회를 세우는 프로젝트에 하나님의 동역자로 부름을 받았다. 당신은 사람들을 하나님과 친밀한 관계로 인도함으로써 영적인 집을 지어야 한다. 당신은 성도들의 개인적인 인생을 건축하여 믿음으로 나아가도록 도와야 한다. 그러므로 당신은 건축가다. (단순한 교회. 2006. 110p)

지혜로운 건축가는 정교한 설계도를 기반으로 건축하지만, 우리의 예배 사역은 책임 있는 관계를 위한 대책이 거의 없다. 우리는 좋은 음악에 몰두한 나머지 연주자의 존재를 잊어버린다. 또 듣기 좋은 노래는 기대하지만 싱어의 존재를 잊어버린다. 어떻게 하면 회중이 예배에 몰입할 수 있을까 연구하지만, 막상 회중의 존재는 잊어버린다. 예배 인도자가 사람을 세우는 관계 건축가라면 구체적인 설계도가 필요하다. 바울은 에베소서 5:1~2에서 관계건축가를 위한 설계도를 제시한다. 생명을 세우는 설계도는 하나님을 본받으며 다른 이들을 사랑하는 것이다. 변화를 추구하는 개혁적 예배 인도자는 사람들과 먹고, 마시며, 즐기고, 음악을 연주하고 삶을 나누는 데 시간을 투자해야 한다. 좋은 예배 인도자는 예배팀 안의 연주자와 싱어, 음향, 조명, 무대 디자인, 안무, 미술을 담당하는 창조적 예술팀을 자주 격려하며 칭찬으로 그들을 세운다.

> 1 그러므로 여러분은 사랑을 받는 자녀답게, 하나님을 본받는 사람이 되십시오. 2 그리스도께서 여러분을 사랑하셔서 우리를 위하여 하나님 앞에 향기로운 예물과 제물로 자기 몸을 내어주신 것과 같이 여러분도 사랑으로 살아가십시오. (엡 5:1~2)

당신이 하나님을 본받는 방법은 사람들이 당신과 가까워지도록 초대하는 것이다. 하나님은 절대 배타적이지 않다. 우리는 사람들이 하나님께 가까이 다가갈 때 먼저 삶을 돌아보고 죄를 회개하라고 촉구하지만, 하나님은 그들을 향해 "그저 있는 모습 그대로 나아오라"고 말씀하신다. 우리는 사람들이 강단 앞에 나와서 무릎 꿇고 변화되는 것을 보고 싶어 하지만, 하나님은 오래 참고 기다리시면서 그들이 긴 시간의 흐름 속에서 변화된 삶의 열매를 맺기를 원하신다. 우리는 외모를 보지만 하나님은 마음의 중심을 보신다. 만일 누군가가 금식을 잘하고 성실하게 십일조를 내며 거의 죄짓지 않고 산다면 하나님께서 그 사람을 다른 사람보다 더 사랑하실까?

그렇지 않다. 하나님은 우리가 더 노력한다고 해서 더 사랑하거나 덜 사랑하지 않으시며 항상 최고의 사랑으로 우리 모두를 사랑하신다. 하지만 우리는 주변 사람들이 나의 기대와 필요에 어떻게 반응하는가에 따라 그들을 더 사랑하기도 하고 덜 사랑하기도 한다. 우리는 조건을 걸고 사랑하지만, 하나님은 무조건 사랑하신다. 이것은 인도자에게 공개적으로 반항하거나 비성경적인 삶을 사는 사람을 예배팀에 받아들이거나 놔두라는 이야기가 아니라 예배 인도자는 주변 사람들에게 은혜를 끼치며 살아야 한다는 것이다.

담임 목회자와 교회 사역자들과 좋은 관계를 맺어 하나님께서 예배 인도자에게 주신 은혜를 흘려보내라. 담임 목회자와 예배 인도자의 관계는 매우 중요하므로 강조하고 또 강조할 부분이다. 담임 목회자는 예배 인도자의 보스[BOSS]다. 물론 나는 당신이 "천만에요, 하나님께서 보스시죠." 라고 생각하는 것을 잘 안다. 하지만 하나님께서 세우신 지역 교회의 권위에 따르면, 진짜 예배 인도자는 담임 목회자다. 나는 당신이 지금 미간을 잔뜩 찡그리고 입을 꽉 다문 채 탐탁지 않은 표정을 짓는 것이 눈에 선하다. 그래도 어쩔 수 없다. 결국 담임 목회자가 당신이 인도하는 예배의 흐름을 결정한다. 목회자는 주일에는 신자들과 주중에는 교회를 섬기는 사람들에게 영향을 끼친다. 목회자의 의견은 예배 인도자가 예배에서 표현할 기준을 정하기 때문에 목회자의 방향을 잘 알아야 한다.

담임 목회자가 예배 인도자의 인도법, 곡 선택, 예배 인도자가 통제하는 활동(팀 관리, 사전 음악 연습 등)에 동의하지 않을 때 큰 분쟁이 일어난다. 만일 예배 인도자가 목회자의 지시나 방법에 동의하지 못하면 순종은 몹시 어려워진다. 물론 목회자도 같은 사람이기 때문에 때로는 냉정하고 비효율적이고 일방적인 의사소통을 한다. 그러나 예배 인도자로서 우리는 목회자의 인간적인 허점을 용납하고 우리가 받은 하나님의 은혜를 흘려보내야 한다. 왜냐하면, 우리도 목회자에게 우리가 흘려보낸 것과 같은 용납과 은혜를 받아야 하는 연약한 사람이기 때문이다. 예배 인도자가 목회자와 건강한 관계를 유지하는 가장 효과적이고 유일한 방법은 자주 소통하는 것이다. 예배 인도자들은 목회자와 될 수 있는 대로 더 많이, 더 오래, 더 깊이 대화하고 싶어 하지만 담임 목회자는 대부분 매우 바쁘므로 예배 인도자들은 자신의 필요를 창조적인 방법으로 목회자에게 전달해야 한다. 과연 어떻게 해야 할까?

1. 예배 인도자의 필요는 합리적이어야 한다.

만일 예배 인도자가 무엇이든 목회자에게 요구하면 다 들어줄 것으로 생각했다면 대단히 큰 착각을 하는 것이다. 목회자는 당신이 말하는 대로 다 들어주는 아버지가 아니다. 담임 목회자는 당신의 부모 노릇을 하는 사람이 아니다. 혹시나 목회자를 비롯한 연장

자들과 관계적인 어려움이나 감정 조절의 어려움이 있다면 먼저 상담을 받아라. 우리는 예배 인도자로서 목회자와 전문적인 관계를 맺어야 한다. 혹시 당신은 알게 모르게 목회자를 기진맥진하게 만드는 사람은 아닌가? 목회자들은 예배뿐만 아니라 교회 전체에 많은 신경을 써야 한다. 그러므로 예배 인도자로서 당신이 진짜 필요하다고 생각하는 것이 합리적인지 돌아보고 필요 없는 것에 감정을 낭비하지 않는 것이 좋다. 당신이 담임 목회자에게 끝없이 뭔가를 요구하고 관심과 지지를 호소하는 것을 멈추면 목회자는 알아서 당신을 존중하기 시작한다.

2. 예배 인도자의 필요를 알려라.

담임 목회자와 식사 약속을 잡고 예배 팀에 필요한 것이 무엇인지 어떤 지원이 있어야 하는지 일목요연하게 정리해 보라. 종종 목회자들은 회중의 필요에 압도당해서 동역자들의 필요를 놓치기도 한다. 꼭 식사가 아니어도 좋으니 예상치 못한 기회를 위해 미리 필요한 내용을 잘 정리해서 기회가 오면 목회자에게 효과적으로 전달할 준비를 해라. 가능하다면 담임 목회자와 정기적으로 예배 인도자로서 당신의 마음을 나누고 예배 사역의 목표와 방향, 효과적인 방법을 나누도록 하라. 이런 미팅은 주일이나 주중의 전체 교역자 회의가 아닌 1:1 개별적인 미팅이어야 한다. 1:1의 만남은 사무적인 태도가 아니라 서로에게 마음을 열고 귀 기울이는 시간이다. 목회자에게 당신의 필요가 잘 전달되었다면, 전달된 것이 잘 진행되는지 정기적으로 점검하면 좋겠다고 최대한 정중하게 말씀드려라.

3. 예배 인도자의 필요를 창의적으로 전달하라.

하나님은 우리의 기도를 말씀과 중보, 예배와 다른 사람을 통해 창조적으로 응답하신다.(빌 4:19) 우리는 그리스도의 사랑 안에서 서로를 채우는 거룩한 통로이므로 관계는 하나님의 축복의 통로다. 그러나 다른 사람에게 인정받고 싶은 욕구와 건강한 자존감의 균형을 지켜야 한다. 예배 팀이 깨달아야 할 점이 있다. 사람은 예술가들의 인정 욕구와 칭찬 중독을 채울 수 없으며 오직 하나님만이 모든 사람의 만족이 되시고 사람의 칭찬을 갈망하는 인정 욕구에서 우리를 구원하신다. 예배 인도자와 예배사역자들은 겸손과 자기희생, 섬기는 종의 마음으로 하나님의 마음을 감동시켜야 한다. 우리는 오직 하나님으로부터 오는 인정과 칭찬에 만족하며 하나님께서 주신 탁월함을 형제자매들에게 베풀어야 한다.

예배 인도자는 목회자와 교역자와 함께 창의적인 예술로 교회를 세운다. 강력한 교회는 목회자와 예배 인도자가 역동적인 비전과 건강한 관계를 공유하면서 성전을 지어간다. 사역자들의 초점은 관계를 소모하는 것이 아니라 세워가는 데 있다. 하나님을 사랑하고 이웃을 사랑하는 사람들은 자신이 왜, 어디에서, 무엇을 해야 하는지 안다. 또 사람들을 보면서 그들이 무엇을 할 수 있는가로 평가하지 않고 있는 그대로 이해한다. 변화를 추구하는 개혁적인 예배 인도자들은 예배는 음악이 아닌 관계에 더 가깝다는 사실을 이해한다. 예배 음악은 우리의 궁극적인 목표가 아니라 성도의 연합을 확인하며 하나님과의 관계를 더욱 깊이 이끄는 수단이다.

6장 네 번째 비결 : 개인적 성장
KEY FOUR : PRESONAL GROWTH

내 소망은 부와 권력을 바라지 않으며 영원히 타오르는 열정적인 가능성을 직접 눈으로 보는 것이다. 그러나 실망과 좌절을 즐긴다면 그 가능성은 사라지고 만다. - 키에르케고르 S. KIERKEGAARD

나는 한때 "자기계발"에 심취해서 거의 모든 자기계발 서적을 사서 읽고 강의 DVD를 보며 카세트테이프를 반복해서 들으면서 자기계발 전문 강사들이 말하던 "내 안에 거인"을 풀어 주려고 애썼지만 노력할수록 성취할 수 없는 높은 벽을 실감할 뿐이었다. 나는 모든 수단과 방법을 다 동원해서 "내 안에 이미 있는 위대함"을 발견하려고 노력했지만 내가 찾은 진실은 내가 하나도 위대하지 않다는 사실이었다. 내가 자기계발 전문가들이 말하는 성공의 비밀을 연구하면서 깨달은 것은 내 안에 숨겨진 잠재력이 무엇이든 이미 누군가가 그것을 다 꺼내 써버린 것처럼 텅 비어있었다는 사실이다. 이런 과정을 통해서 나는 정말 나에게 필요한 것이 자기계발 전문가들이 주장하는 독립적인 자아, 자립심이 아니라 하나님의 도우심을 전적으로 의지하는 것이라고 결론 내렸다.

성경에 기록된 내용이 어느 정도 자기 계발에 도움이 되는 것은 사실이지만 성경은 단지 자기 계발을 위한 책이 아니라 하나님의 성령께서 친히 사도와 선지자들을 감동하셔서 기록한 하나님의 말씀이며, 우리가 하나님께 가는 유일한 길인 예수 그리스도를 소개하는 귀한 책이다. 자기 계발을 통한 자립심은 사람의 내면이 특별하며 자아의 힘만으로 충분히 성공한다는 교만에 뿌리를 두기 때문에 과정의 유익이 있다 할지라도 결과적으로 위험하다. 특히 많은 금지 조항을 요구하는 듯한 하나님의 도움은, 자아에 무거운 짐처럼 느껴지며, 우리가 우리 힘으로 모든 것을 할 수 있다면 하나님을 포함한 다른 도움은 더이상 필요 없다.

성경은 자기 계발을 무엇이라고 말하는가? 성경은 우리에게 자아를 의지하지 말고 하나님의 선한 청지기로서 자신을 다스리라고 권면한다. 하나님이 원하시는 것은 우리가 받은 은사와 재능을 하나님께 순종하여 다시 내어드림으로써 영광 돌리는 것이다. 재능있는 사람들이 좋은 발성이나 연주 기술을 연마하기 위해 타고난 재능을 발전시키는 것 자체가 나쁘다는 의미가 아니다. 하나님께서 주신 재능과 은사를 잘 관리하는 것은 아주 중요하다. 맹목적인 자기 계발과 성경적 자기 관리의 차이점은 결과적으로 하나님께 순종하며 하나님께 영광을 돌리는 가로 분별한다.

안타깝게도 많은 교회의 예배 팀에 "강단 애호가"들이 존재한다. 이들은 주일 예배 때 회중 앞에 서는 것을 하나의 취미 생활로 여긴다. 교회를 섬기는 예배 팀원의 상당수가 주일 예배를 위한 사전 연습 시간을 제외한 평상시에는 거의 노래나 악기 연습하지 않는다. 예배 팀원은 예배 사역을 위한 멋진 풍경 사진이 아니다. 우리는 어떻게 해야 할까? 먼저 자신의 음악 수준을 점검해야 한다. 평상시에 얼마나 예배 팀의 싱어로서 또는 악기 연주자로서 실력을 점검하는 시간이 있는가? 혹시 회중을 인도할 만큼만 연주하고 노래하면 괜찮다는 안일한 생각을 하는 것은 아닌가?

실력이 더 좋아지기 위한 첫 번째 단계는 지금보다 더 실력이 좋아지기를 바라는 것이다. 요한복음 5장에서 예수님은 실로암 연못가의 한 병자에게 흥미로운 질문을 하신다. *"네가 정말 낫기 원하느냐?"* 나는 평범한 음악 실력에 만족하는 많은 교회 음악가와 마주친다. 어떻게 하면 그들의 실력이 더 좋아지도록 동기를 부여할까? 답은 "노출의 원리"다.

노출의 원리

우리 집은 스포츠를 좋아하지 않았다. 솔직히 지금 내가 아는 미식축구의 거의 모든 것을 아내가 알려 주었을 정도로 우리 집은 스포츠에 관심이 없었다. 하지만 아내는 어렸을 때부터 온 가족이 둘러앉아 월요일 밤 미식축구 방송에서 샌프란시스코 포티나이너스와 댈러스 카우보이 팀의 경기를 즐겨 보는 가정에서 자랐다. 나는 미식축구를 본 적이 거의 없었기 때문에 왜 덩치 큰 남자들이 가죽공을 뺏으려고 이리 뛰고 저리 뛰며 충돌하는지 도저히 이해할 수 없었다. 나에게 미식축구는 그저 더 많은 돈을 벌고 여자들의 환심을 얻기 위한 의미 없는 경쟁이었기 때문에 어느 팀이 슈퍼볼에서 우승하든 전혀 신경 쓰지 않았다.

나는 어렸을 때 스포츠보다 음악 감상을 더 좋아했다. 아버지는 컨트리 음악에서 교향곡까지 모든 종류의 음악을 좋아하셨다. 당연히 나는 아버지 때문에 어린 시절부터 다양한 음악을 들었고, 아버지는 내 음악 감상을 적극적으로 격려하셨다. 내가 아버지께 받은 최고의 선물은 다양한 음악을 경험한 것이었다. 많은 예배 인도자와 교회 연주자의 큰 문제는 지역 교회나 기독교 미디어에 나오는 한정적인 음악과 예술만 경험한다는 것이다. 다른 사람들이 어떤 음악을 하는지, 그 사람들의 연주 기량이 어떤지, 음악뿐만 아니라 예술의 다양한 표현방식이 얼마나 넓은지 경험하지 못하면 내면의 것을 표현하는 데 한계가 있다.

플라톤의 동굴 비유를 아는가? 동굴 안에 갇혀 오직 벽만 보며 서는 죄수들이 있었다. 죄수들의 멀찌감치 뒤에 불이 있었기 때문에 죄수들은 벽에 비친 자기 그림자만 볼 수 있었다. 죄수들에게는 벽에 비친 자기 그림자가 이 세상의 전부였다. 그러던 어느 날, 한 죄인이 풀려나서 동굴 밖으로 나가 햇빛과 아름다운 세계를 보고 동굴로 돌아가 남아 있던 죄수들에게 자신이 본 놀라운 광경을 이야기했지만, 나머지 죄인들은 그 말을 믿지 않고 오히려 풀려난 죄인을 미치광이 취급하며 거부했다. 이유는 단순하다. 남아 있던 죄인들은 풀려난 죄인이 본 것을 경험하지 못했기 때문이다.

이 비유는 예배에도 정확히 적용된다. 많은 교회의 예배 인도자와 연주자가 "진정한 예배"를 경험하지 못한 상태로 유명한 음악가가 되려는 열망에 사로잡혀 있다. 한편으로는 다행스럽고, 한편으로는 우려스럽게도 우리는 손가락 하나만으로도 많은 정보와 경험을 간접적으로 얻을 수 있는 시대에 산다. 당신은 어떤 단어나 주제, 어떤 사람이든지 인터넷으로 4초 안에 확인할 수 있으며, 하룻밤만 기다리면 당신을 최고의 연주자로 만들어 준다는 음악 훈련 DVD를 받을 수 있다. 우리는 정말 놀라운 시대에 산다! 하지만, 앞에서 본 플라톤의 동굴 비유처럼 우리는 지금보다 더 좋아지기 원해야 한다. 당신은 평범함이라는 동굴에서 벗어나 더 나은 예배 인도자와 연주자가 되도록 노력해야 한다. 여기 노출의 원칙을 통한 개인 성장의 몇 가지 비결을 제시한다.

1. 현실에 안주하지 말라

거룩한 불만족을 가져라. 자기만족에 빠지면 현실에 안주하고 성장을 멈춘다. 예배 인도자가 성장을 멈추면 예배팀도 성장을 멈춘다. 현실에 안주하는 예배 인도자들은 예배마다 비슷한 노래를 반복하므로 예배의 수준이 저하 된다. 모든 예배 순서는 변화 없이 반복되고 연주자와 싱어, 팀 전체가 예배 사역 자체에 흥미를 잃고 결국 하나둘씩 예배 팀을 나간다. 원수는 예배 팀이 더 이상의 도전을 포기하고 현실에 안주하게 만들어서 그 부르심을 잃게 한다.

2. 자원을 확보하라

예배 인도자와 예배 팀이 발전하도록 격려하는 수백 가지 방법이 있다. 잠깐, 수백 가지 방법이 있다고? 미안하지만 나는 지금까지 그 수많은 방법을 찾아보지 않은 당신이 더 놀랍다. 인도자는 자신과 팀의 학습과 발전을 위해 많은 자원과 다양한 방법을 미리 생각해야 한다. 어떻게 자원을 얻을 것인가? 이미 해외에는 십여 년 전부터 다양한 예배 사역 관련 자원을 공급하는 홈페이지들이 있다. 만일 당신이 외국어를 한다면 아래에서 도움을 받을 수 있다.

Leadworship.com

Worshiptogether.com

Integritydirect.com

Praisecharts.com

예배 인도자들은 책을 읽어야 한다. 예배 인도와 관련된 책뿐만 아니라 영혼을 풍성하게 할 책을 많이 읽어라. 도움이 되는 저자와 책을 소개한다. 레너드 스윗 : 영성과 감성을 하나로 묶는 미래교회, 브라이언 맥라렌 : A Generous Orthodixy, 던 셀리어 : Worship as Theology, Worship Comes to Its Senses, J. 마이클 월터스 : Can't Wait for Sunday, 댄 킴볼 : 시대를 리드하는 교회 이머징 교회, 브래넌 매닝 : 아바의 자녀 한없이 부어주시고 끝없이 품어주시는 하나님의 은혜, 헨리 나우웬 : 탕자의 귀향 - 집으로 돌아가는 가까운 길, 애니 딜라드 : For the Time Being, Pilgrim of Tinker Creek. 나는 당신이 다양한 책을 폭넓게 읽고 많은 사역자의 말씀을 듣기를 바란다. 영적인 근시안이 되지 말라. 만일 우리가 보는 책과 듣는 음악이 제한적이라면 예배 인도자로서 우리의 지도력은 더이상 발전하지 못하고 부패할 것이다. 당신과 다른 경험을 하고 다른 관점으로 쓴 책과 자료를 읽고 다양한 음악을 들어라. 넓은 지식은 당신의 믿음과 지도력을 강하게 만든다.

3. 초점을 다시 맞춰라

많은 예배 사역자가 교회 안팎에서 맡은 과중한 일 때문에 바른 초점을 유지하는 데 어려움을 겪는다. 회중은 예배 인도자를 단순하게 주일 아침 예배 때 노래 한번 인도하는 역할로 생각하지만, 예배 인도자는 한 주 동안 미리 세워진 계획에 따라 주일 예배를 위한 곡을 뽑고, 많은 계획과 사전 연습으로 예배 팀을 격려하며 기도로 준비한다. 그러므로 인도자는 바쁜 일정에도 하나님과의 친밀함을 유지해야 한다. 하나님과 친밀한 시간을 보내는 것은 목사와 예배 인도자의 가장 큰 의무다. 날마다 주님과 최고의 시간을 보내는 것이 당신의 마음을 지키며, 당신이 예배에서 회중을 인도할 때 하나님의 음성을 바르게 듣고 확신 있게 인도하도록 돕는다.

하나님은 언제 어디서나 우리에게 말씀하신다. 집, 직장, 길거리, 쇼핑몰, 비행기, 교회, 어디에서든 우리는 하나님의 음성을 들을 수 있다. 하지만 우리가 시간과 장소를 구별하여 일편단심으로 주님과 친밀한 교제를 나눌 때 훨씬 더 쉽게 주님의 음성이 우리의 마음에 임한다! 사도행전 13장을 보면 바나바와 시므온과 여러 사람이 성령님의 음성을 따라 하나님을 예배하며 금식했다. 성령님의 강력한 역사가 꼭 예배와 금식과 기도로만 일어나지는 않지만, 기도와 금식으로 영적인 활동이 더 활발해지는 것은 분명한 사실이다. 기도와 금식으로 우리의 영혼을 겸손하게 하면 성령님의 음성을 더 효과적으로 들을 수 있다. 개인적인 영성을 관리해야 한다.

우리가 예배 인도자로서 항상 겸손함을 유지하면 성령님의 음성에 영적으로 예민해진다. 이 예민함을 직감이라고 부르는데, 어떤 사람은 다른 사람보다 확실히 더 민감하다. 모든 목사와 예배 인도자가 다 이런 영적인 예민함이 있을까? 내 생각엔 모든 사역자가 다 예민하다고 할 수 없을 것 같다. 누군가는 더, 또 누군가는 덜 예민하다. 영적으로 민감한 예배 인도자가 회중을 깊고 거룩한 하나님의 임재로 인도한 후, 목회자가 나와서 썰렁한 농담을 하거나, 예배 인도를 품평하거나 다음 주 야외 예배 일정을 광고하면서 거룩한 흐름을 끊는 것을 본 적 있다면 내가 앞서 말한 더 예민하고 덜 예민하다는 말이 무슨 의미인지 이해될 것이다. 그러나 모든 예배 인도자는 예민하고 모든 목회자는 덜 예민하다는 의미는 아니다.

영적 예민함, 영적 직감은 목회자와 예배 인도자가 교회에서 하나님과의 친밀함으로 회중을 섬기는데 절대적으로 필수적이므로 열심히 개발해야 한다. 영적 직감은 초점을 다시 맞추는 것과 같다. 우리의 초점은 우리 삶을 향한 하나님의 초점에 맞춰져야 한다. 우리가 시간을 내서 주님께 우리의 초점을 맞출 때, 삶에서 내려놓고 정리해야 하는 것이 무엇인지 깨닫는다. 하나님께서 중요하게 여기시는 것을 우리도 중요하게 여길 때 사역을 포함한 삶의 모든 우선 순위가 재조정 되고 이전보다 더 빨리, 더 쉽게 열매 맺는 것을 경험한다. 헨리 블래카비^{HENRY BLACKABY}의 획기적인 책 "하나님을 경험하는 삶(Experience God, 1994)"에서 내가 배운 가장 큰 교훈은 하나님께서 무엇을 하시며, 그것에 어떻게 동참하는가의 원리였다. 이 원칙은 나의 삶과 사역을 지탱하고 이끌어 가는 힘이다. 왜 당신은 하나님께서 역사하시지 않는 일에 참여하는가? 나는 하나님께서 역사하시는 일에 동참하길 원한다.

끊임없이 멈추지 않고 개선하기

우리는 하나님 안에서 내면이 변화될 때 성장하고 성숙한다. 하나님은 먼저 우리의 본성을 만지신 후 성품을 통해 변화된 본성을 드러내신다. 바울은 빌립보서에서 이렇게 권면한다.

그러므로 나의 사랑하는 자들아 너희가 나 있을 때뿐 아니라 더욱 지금 나 없을 때에도 항상 복종하여 두렵고 떨림으로 너희 구원을 이루라 (빌 2:12)

하나님의 역사하심은 우리의 내면을 바꾸시고 우리 생활 태도로 그 열매를 드러내신다. 바울은 이 원리를 로마서 12:1~2에서 참된 예배와 연결했는데, 이 말씀에서 바울은 우리의 변화된 마음이 우리를 향한 하나님의 완전한 뜻의 증명이라고 말한다. 우리에게 변혁적인 삶은 예상치 못한 일이 아니라 일상적인 것이 되어야 한다.

1 그러므로 형제들아 내가 하나님의 모든 자비하심으로 너희를 권하노니 너희 몸을 하나님이 기뻐하시는 거룩한 산 제물로 드리라 이는 너희가 드릴 영적 예배니라 2 너희는 이 세대를 본받지 말고 오직 마음을 새롭게 함으로 변화를 받아 하나님의 선하시고 기뻐하시고 온전하신 뜻이 무엇인지 분별하도록 하라 (로마서 12:1-2)

자기 계발을 주장하는 사람들이 비록 이기적인 이유로 성공하고 부자가 되려 하지만 나는 이들의 노력은 인정한다. 아마 당신도

한 번쯤은 들어 봤을 '영혼을 위한 닭고기 수프(푸른숲)'의 저자인 잭 캔 필드는 '성공의 원리 : 독수리처럼, 나비처럼(청미래, 2005)'에서 CANI(Constant and Never-ending Improvement)라는 약어를 소개했다. CANI는 "끊임없이 멈추지 않고 개선하기"를 의미한다. 나는 예배 인도자들이 자기 계발의 적극적이고 진취적인 태도를 인정하고 배우기 바란다. 엔트로피의 법칙으로 잘 알려진 열역학 제2 법칙은 세상이 즉흥성을 최소화하려 한다고 본다. 예를 들면, 반딧불이를 가득 담은 그릇을 여는 순간 다 날아간다. 인생은 마치 이 반딧불이를 담은 그릇 같아서 우리 스스로 동기와 열정을 유지하려고 노력하지 않으면, 우리의 온전한 가능성과 잠재력을 발휘할 수 없다.

많은 예배팀 연주자와 싱어가 주일 예배를 위해 반드시 참여해야 하는 사전 연습 시간에 습관적으로 늦으며 음악 기술을 개발하기 위한 개인 연습도 거의 하지 않는다. 음악적 재능과 은사로 전능하신 하나님을 예배하도록 부름 받았음에도 그저 대충할 때가 정말 많다. 그래서 나는 때때로 예배 팀원들의 태도를 보면 마치 구원받을 때 하나님께 눈을 동그랗게 뜨고 죄인임을 인정하지 않으면서 보혈의 능력을 받아낸 것은 아닐까 하는 생각이 들 때도 있다.

나는 최근에 "워십리더 매거진"이라는 잡지에서 주최한 온라인 세미나에 강사로 참석했다. 한 참가자가 음악 실력이 부족한 예배팀을 어떻게 인도하면 좋을지 질문했다. 이 예배 인도자는 자신이 맡은 연주자들의 음악 재능은 뛰어나지는 않았지만 그래도 예배팀을 섬길 자격이 있다고 생각했다. 만일 당신이 이 팀의 예배 인도자라면 먼저 목회자의 허락을 받고 예배 위원회의 도움을 받아 적극적으로 이 문제를 해결해야 한다. 어쩌면 당신이 맡은 예배팀을 완전히 해체하고 새로운 팀원을 받거나 점진적으로 새로운 팀원을 받을 수도 있다. 당신은 이 과정에서 어려운 시간을 통과할 것이다. 기존 팀원이 당신의 결정에 반발하거나 아예 교회를 떠날지도 모른다. 내가 실제로 겪었던 일인데 나의 지도력을 인정하지 않았던 예배 팀 싱어가 주일 아침 예배가 시작되기 직전 모든 성도가 보는 앞에서 마이크를 내려놓고 무대에서 내려간 적도 있었다.

요즘 성도들은 세속적인 회사나 조직처럼 교회 안에 누구도 건드릴 수 없는 자기만의 독점적인 영역을 만든다. 예배팀도 마찬가지여서 어떤 성도들은 한번 예배팀에 들어가면 영원히 자기 역할을 놓지 않으려고 한다. 어느새 우리는 하나님과 교회를 섬기는 겸손함을 잃어버리고 교회를 자신을 위한 무대로 만들었으며 그 결과 참된 예배가 무너지고 있다. 특히 미국 교회의 지나친 공연 중심의 성과지향적PERFORMANCE ORIENTATION 예배는 참된 예배 회복에 전혀 도움이 안 된다. 많은 예배팀이 음악뿐만 아니라 무대 공연을 전문적으로 훈련받은 음악가로 구성되었지만, 회중은 화려하게 꾸며진 예배 음악을 "구경"하기보다는 참된 예배로 "인도" 받기를 원한다.

CANI의 중요한 점은 하나님과 동행을 끊임없이 개선하는데 헌신한다는 점이다. 우리는 마이크를 들고 강단을 오르기 전에 깊은 기도와 겸손한 섬김의 삶을 추구해야 한다. 예배 인도자를 비롯한 예배팀이 먼저 예배로 변화하지 않는다면 그 누구도 변화될 수 없다. 예배팀이 먼저 예배로 하나님을 만나고 하나님께 붙들리면, 하나님께서 우리의 재능으로 다른 사람들도 하나님께 이끄실 것이다.

하나님을 만나 진정한 영혼의 회복을 경험하면 탁월함을 향한 동기부여가 일어난다. 하지만 하나님 없이 탁월함을 추구하는 것은 그 자체가 우상 숭배일 뿐이다. 우리의 영혼이 그리스도와 깊은 사랑에 빠져서 하나님을 기쁘시게 하는 것보다 더 중요한 게 없음을 확실히 깨달을 때, 비로소 하나님은 우리의 모든 것으로 다른 사람이 하나님의 크신 아름다움과 은혜를 경험하도록 사용하실 것이다.

예배팀이 세상보다 예수님을 더 사랑하고 갈망하면 인도자가 예배팀을 향해 더 좋은 연주자가 되라고 잔소리할 필요가 없다. 하나님을 경험한 예배자는 누가 시켜서가 아니라 하나님을 위해 더 부지런히 연습하며 하나님을 예배하는 기회를 놓치지 않으려 노력하기 때문이다. 하나님을 경험한 예배자는 주일 예배를 위한 사전 연습전에 미리 시간을 내어 예배팀과 인도자, 목회자와 교회 전체가 예배로 하나님을 경험하고 열정적으로 사랑하도록 기도할 것이다.

몇 년 전 나는 미국 플로리다주의 한 지역 교회 예배팀과 같이 워십 콘서트를 했다. 그 교회의 연주자는 나에게 공연을 요청하면서 자신의 예배팀이 환상적인 실력을 갖췄다고 추켜세웠다. 나는 공연하는 날이 되어 사전 연습을 위해 교회에 도착하자마자 놀라운 사실을 발견했다. 그 교회 예배팀의 베이스 연주자는 재활 중인 마약중독자였으며, 베이스 연주를 듣자마자 마약 중독이 과거의 일이 아니라 현재의 일이라고 의심할 정도로 실력이 엉망이었다. 말 그대로 마약에 취한 연주였다. 단지 베이스 연주자뿐만 아니라 나머지 연주자들의 상태와 실력도 차마 설명할 수 없을 만큼 최악이었다. 나는 섣부른 공연 결정을 후회했지만 취소할 수도 없었다.

나는 워십 콘서트가 진행되는 내내 어떤 형태든 "음악"을 긁어모아 짜 맞추려고 고군분투했다. 일정 내내 마치 너덜너덜한 누더기를 입고 질질 끌려가는 느낌이었으며, 수치심과 부끄러움에 괴로웠다. 그런데 놀랍게도 워십 콘서트의 마지막 순간에 많은 사람이 예수님을 구주로 영접했으며 습관적인 죄를 회개했고 삶을 바로 잡으려고 결단했다. 한 여성은 오랫동안 예수님을 외면하며 살다 우연히 워십 콘서트에 참여했는데, 그녀의 표현을 따르면(내가 생각하기에는 엉망진창이었던) 연주팀의 음악이 그녀의 마음에 "하나님께로 돌이키라"고 말하는 것을 느꼈다고 간증했다.

맞다. 나는 음악적 기준과 야망 때문에 가장 중요한 것을 놓쳤다. 베이스 연주자는 예배팀과 같은 키(Key)로 연주하지 못했지만 그의 실력과 상관없이 예수님을 진실로 사랑했다. 그의 실력은 부족했지만, 그의 마음은 옳았다. 지금 나는 준비되지 않은 미숙한 연주자를 강단에 세워야 한다고 말하는 것이 아니다. 그러나 하나님은 얼마든지 최악의 연주자를 사용하시어 믿음을 불러일으키고 마음과 신체의 질병을 고치시며 구원하시는, 전능하신 하나님이시다.

하나님께서 예배팀 개인에게 주신 음악성과 예술성을 충실히 갈고 닦는 것이 하나님을 찬양하는 올바른 태도다. 하나님께서 우리를 있는 모습 그대로 사랑하시지만 동시에 우리를 있는 모습 그대로 내버려 두지 않으시는 것도 사실이다. 하나님은 우리의 미숙하고 미약한 예배의 제사를 기뻐 받으시면서 동시에 우리가 공적인 예배에서 하나님을 예배하는 기술의 탁월함을 더욱 증가시키고 성장하기를 원하신다.

새 노래로 주님을 찬양하면서 아름답게 연주하여라. (시 33:3)

어떻게 하면 예배팀이 더 좋은 연주와 예배 인도와 노래를 하도록 동기를 부여할까? 제일 먼저 해야 할 것은 기도다. 몇 년 전 어느 날, 나는 우연히 내가 거의 기도하지 않고 있다는 사실을 깨달았다. 정말 당시에 나는 식사 기도 외에는 거의 무릎 꿇어 주님의 임재와 주님의 뜻, 주님의 평안을 구하지 않았다. 하지만 이제 나는 내가 인도한 최고의 공적인 예배보다 하나님과 개인적인 친밀함을 누리는 개인기도 시간을 더 좋아하고 기대한다. 실제로 내가 홀로 하나님을 찾고 구하는 친밀한 시간보다 더 좋은 공적인 예배는 없었다. 예배 인도자는 자신이 가보지 않은 길로 회중을 이끌 수 없다. 인도자가 예수님의 임재 앞에 홀로 서는 시간을 보내지 않으면 그 노래와 말은 청중에게 공허할 뿐이다. 그러므로 열렬한 기도는 개인과 팀의 성장을 위한 첫 번째 단계다.

우리는 더 좋은 사람이 되어야 한다. 요즘은 기독교인마저도 타인을 향해 불평불만과 거짓말, 험담과 불편한 태도로 살아간다. 그리스도인으로서 우리는 지구상에서 최고의 사람이 되어야 한다. 가난한 사람들을 돌보는 보호 단체가 부러워할 만큼 사회 정의를 위한 선두주자가 되어야 한다. 우리는 하나님 나라를 세워야 한다. 하지만 어느새 교회는 음악으로 스트레스를 푸는 곳이 되었으며, 진리와 삶보다 음악 스타일과 취향이 중요해졌고, 성도들은 주일 예배를 마친 후 목사님의 설교에서 마음에 들지 않는 부분을 골라내기에 바쁘다. 슬프게도 소수의 그리스도인만 그리스도를 따라 살 뿐이다.

예배 인도는 높고 거룩한 부르심이다. 예배 인도는 음악과 창의적 예술보다 사람들을 사랑하는 것과 더 관련이 있다. 하나님께서 설교를 통해 사람들에게 복음을 전파하시는 것처럼 음악과 창의적 예술도 사람들에게 진리를 전달하는 수단이다. 바울은 에베소서와 골로새서에서 우리가 시와 찬미와 신령한 노래로 하나님을 예배하며, 하나님을 향해 노래할 때 그 노래가 우리를 가르치고 권면할 것이라고 말한다(엡 5:18-20). 예배는 수직적 측면과 수평적 측면이 있다. 우리는 주님께 노래하며(수직), 우리가 하나님께 드리는 예배의 단어와 실천이 우리의 삶을 변화시킨다(수평). 예배 안의 수직과 수평적 측면은 둘 다 중요하며 어느 한쪽으로 치우치면 안 된다.

나는 많은 예배 인도자와 연주자가 자기의 역할을 대수롭지 않게 여기는 것을 보았다. 마찬가지로 교회도 예배 인도자와 예배팀의 역할을 중요하게 생각하지 않는다. 예배는 은하계와 우주를 뛰어넘어 시간과 공간을 초월하는 지극히 높은 천국의 보좌에 계신 만왕의 왕이신 하나님께 나아가는 것이다. 예배 인도자와 예배팀의 사역은 일상적이고 평범한 것이 아니지만 어떤 교회는 하나님 앞에 나아가는 것을 너무 일상적이고 평범하게 만들어 거룩하신 하나님을 향한 존중을 제거해 버린다. 우리가 잘 아는 것처럼 예수님은 제자들에게 "나는 너희를 친구라고 부른다"(요 15:15)라고 말씀하셨지만, 하나님은 우리의 '천국 단짝'이 아니라 야훼, 여호와, 창조주, 영원하신 구원자시다. 여기에서 중요한 핵심은 균형이다. 하나님을 예배하는 것은 가장 사소해 보이지만 가장 심각하고 진지한 일이다. 우리의 예배는 가장 친밀하지만 동시에 가장 엄숙한 순간이다.

우리는 오래된 대성당의 큰 파이프 오르간과 신비한 느낌을 주는 스테인드글라스로 치장된 환경에서는 쉽게 경건한 분위기를 느낀다. 하지만 현대 교회에서는 경건한 분위기를 찾기 어려우며 어떤 목회자들과 예배 인도자들은 거룩한 분위기가 필요하지 않다고 생각하고 실제 예배에서 하나님께 드려야 할 합당한 존귀와 찬양과 감사의 시간을 제거한다. "나는 주의 친구"를 노래하는 것도 좋지만 찬송가 "거룩, 거룩, 거룩 전능하신 주여"도 잊지 말아야 한다.

예배 준비

초기 그리스 사회에서 운동 경기가 대중적 인기를 누렸기 때문에 바울은 신약 서신에 운동 경기를 비유로 들었다. 바울이 사용한 운동 경기 비유를 현대 예배 사역에 적용해 보자. 과연 예배 인도자와 예배 연주자들은 바른 태도로 하나님을 위한 음악에 헌신적으로 준비했는가? 예배 인도에서 최선의 결과를 내려고 열심히 노력하는가? 혹시나 예배 사역에 익숙해져서 교만과 나태함이 참된 예배를 더럽히지 않도록 주의하는가? 다시 한번 강조한다, 균형이 핵심이다. 우리는 대중을 끌어당기는 탁월함을 위해 세상과 경쟁해야 하지만 다른 그리스도의 몸 된 지체들과 사역의 규모나 인지도 같은 능력을 놓고 비교하거나 경쟁하면 안 된다.

이제 또 다른 것으로 비유해 보자. 혹시 미국에서 유명한 "치아 펫CHIA PET"이라는 것을 들어봤는가? 치아 펫은 여러 형태로 만든 점토 인형에 잔디나 이끼 같은 식물을 키우는 장난감이다. 그냥 점토 인형에 물을 뿌린다고 식물이 자라는 게 아니라 점토 인형의 머리에

씨앗을 뿌리고 물을 주어야 풍성하게 부풀어 오른다. 만일 당신이 성장하고 싶거나 다른 사람이 성장하도록 돕고 싶다면 치아 펫의 머리에 씨앗을 뿌리는 것처럼 준비과정을 빼놓지 말아야 한다.

나는 지금 밤 1시에 보잉 747 비행기 안에서 이 장을 쓰는 중이다. 내가 비행기를 타고 전 세계를 다닐 수 있는 이유는 수많은 시간을 준비한 조종사들의 수고 때문이다. 비행기 조종사들은 갑작스러운 난기류에도 침착함을 잃지 않도록 다양한 방법으로 많은 훈련을 하며 정비사들은 내가 탄 비행기의 안전한 운항을 위해 수많은 항목을 꼼꼼히 점검한다. 그래서 나는 안심하고 비행기를 탈 수 있다. 비행을 위한 전문가들의 충분한 준비로 많은 사람이 유익을 얻는 것처럼 당신이 섬기는 회중도 당신의 철저하고 충분한 예배 준비로 유익을 얻는다. 예배 사역의 궁극적인 목표는 사람들이 교회에 와서 예배하는 것을 돕는 것이지만 예배 인도자와 예배팀이 미리 준비되지 않으면 그 목표를 이룰 수 없다. 결론은 단순하다. 예배 인도자가 준비되지 않으면 회중은 예배할 수 없다. 당신은 예배사역자로서 영적, 정신적, 실제적 준비에 얼마나 시간을 할애하는가?

영적 준비

부끄럽지만 나는 예전에 예배 인도를 위한 충분한 영적 준비 없이 회중 앞에 섰던 적이 있다. 음악적으로는 충분히 준비했지만, 음악 공연이 아닌 "예배"를 위한 영적 준비는 하지 않았다. 당시에 나는 아주 단순한 식사 기도를 제외하면 거의 기도하지 않았고 성경 말씀도 많이 보지 않았으며 왕이신 하나님과 1:1의 친밀한 시간을 보내지 않았다. 하지만 놀랍게도 하나님은 나의 연약함이 아닌 회중의 갈급함을 위해 은혜를 베푸셨으며 이후 나는 충분한 영적 준비 없는 섬김을 뉘우치고 깊은 회개의 시간을 보냈다.

예배를 섬기려면 합당한 영적 준비를 해야 한다. 종종 음악가 출신의 예배 인도자들은 탁월한 음악 실력으로 자신의 부족한 영성을 감출 수 있다고 믿지만, 탁월한 음악성이 언제나 충만한 영성을 보장하지 않는다. 또 우리는 종종 영적 준비를 "내가 이만큼 준비했으니 축복해 주세요"라고 하나님께 요구할 근거라고 착각한다. 하지만 영적 준비는 하나님과의 거래가 아니다. 우리는 하나님 앞에 당연히 지켜야 할 영적 의무가 있지만, 하나님은 우리를 위해 책임지셔야 할 의무가 없으시다. 하나님께서 우리에게 역사하실 때는 의무가 아니라 은혜로 역사하신다는 점을 기억하라.

정신적 준비

정신적인 준비는 예배 인도자들이 가장 소홀한 영역이다. 교회는 영적인 것은 좋고, 정신적인 것은 나쁘다는 잘못된 이분법에 사로잡혀 하나님의 영광을 위해 정신적인 건강을 잘 관리할 책임에 소홀했으며 또 한편에선 너무 정신적인 영역을 강조하는 바람에 뉴에이지에 빠지기도 한다. 핵심은 영과 진리의 균형을 갖는 것이다. 많은 사람이 신앙과 사역에서 논리나 상식을 배제한다. 교회의 가장 큰 문제는 믿음이 생기면 삶이 어떻든 상관없다고 생각하는 것이다. 과연 그럴까? 예를 들어 보자. 사회에서는 일반적으로 직원이 계속해서 지각하거나 자기 일을 성실하게 하지 않으면 경고를 받고,

그래도 고치지 않으면 해고된다. 하지만 교회는 예배팀이 신앙생활에 부적합한 태도를 보이고 사전 연습에 참석하지 않으며 예배 때 자기가 맡은 역할을 감당하지 못해도 용납해야 한다고 생각한다.

우리가 그리스도인이 되었다고 해서 세상에서 통용되는 상식적인 책임이 없어졌다는 의미가 아님에도 우리는 '잘못된 긍휼'을 필요 이상으로 많이 베풀고, 또 내심 그것을 기대한다. 이 시대는 올바른 지도력을 발휘할 때 일어나는 반발을 두려워하며 반발이 일어난 그 자체로 실패했다고 받아들이는 경향이 있다. 하지만 교회는 올바른 상식을 실천하는 것을 두려워하면 안 된다. 교회 안에 잘못된 긍휼과 용납 때문에 강단에 세우면 안 되는 사람을 너무 많이 받아들였고 그 결과 교회는 점점 거룩을 상실하고 세속화되고 있다.

예배 인도자들의 또 다른 문제는 회중을 섬기려는 의지가 부족하다는 점이다. 많은 예배 인도자가 자신이 섬겨야 할 회중에게 하나님의 말씀과 임재를 효과적으로 전달할 음악을 주의 깊게 선택하기보다 그저 유행하는 음악을 따라가려 한다. 나는 교회가 생각 없는 예배 인도자와 부주의한 목회자들 때문에 분열되는 것을 자주 보았다. 예배 인도자들은 공적인 예배를 부르고 싶은 노래를 마음껏 부르는 시간이라고 생각하면 안 되며 항상 자신이 인도하는 예배의 결과를 생각하면서 준비해야 한다. 내가 발견한 예배 디자인을 위한 최고의 자료는 오하이오주 팁 시티의 킹햄스버스 교회 예배팀과 킴 밀러가 쓴 "다중 감각 예배를 위한 핸드북"의 일곱 가지 과정이다. 이 자료에 의하면 모든 예배는 "1. 필요를 느낌, 2. 결과를 갈망함, 3. 주제 설정, 4. 말씀 선택, 5. 비유/형상화 작업, 6. 아이디어

개선, 7. 선택 가능한 특색"으로 구성된다.

나는 최근에 창의적인 예배팀과 예배를 계획할 때 이 일곱 가지 영역을 사용했는데, 이전보다 훨씬 더 매끄럽고 자연스러우며 효과적인 예배를 경험했다. 예배팀이 효과적으로 예배를 디자인하려면 공동체 차원의 정신적 준비는 매우 중요하다. 당신은 감정이나 정신적인 영역에서 건강한가? 당신의 기질은 무엇인가? 혹시 당신은 음악적 취향을 성취하기 위해 예배팀 전체를 희생시키는 "우울한 예술가"는 아닌가? 혹은 사람들이 주님을 예배하도록 응원하는 "치어리더"인가? 혹은 예배보다 관계를 더 중요시하는 "열렬한 동기부여자"인가? 아니면 모든 사람이 줄을 맞춰 당신의 구령에 맞추어 같은 박자로 행진하기 원하는 "훈련 교관"인가?

당신은 일상에서 주로 어떤 감정을 느끼는가? 스스로 행복하다고 느끼며 감정을 적절히 통제하는가 아니면 시도 때도 없이 변하는 감정의 격변 속에 사는가? 감정과 정신의 영역을 잘 조율해야 예배팀과 회중을 효과적으로 인도할 수 있다. 하나님은 우리를 온전하고 거룩하게 만드셨다. 우리가 맡은 예배 사역은 우리를 영적으로, 정신적으로, 육체적으로 건강하게 만든다. 하지만 음악가들 특유의 예술적인 기질과 치우쳐진 불균형은 자주 교회의 공적인 예배에 큰 지장을 준다. 예배 인도자로서 우리의 예배 목표와 신자의 예배 목표는 같다. 우리는 하나님께서 우리의 예배를 통해 영광 받으시기 원하며, 이것은 우리가 영적, 정서적으로 건강할 때 성취된다. 정서적으로 건강한 삶과 탁월한 지도력을 위해 다음 세 가지를 제안한다.

1. 성격 유형 검사

우리가 흔히 MBTI라고 부르는 "마이어-브릭스 성격 유형 지표 검사"는 자신을 이해하는 데 큰 도움을 준다. 성격 유형 검사는 예배팀에 소속된 각 개인의 성향과 선호하는 소통 방식을 파악하고 팀 전체가 바르게 상호 작용하도록 돕는다. 잠깐 시간을 내면 세상과 소통하는 예리한 통찰력을 얻을 수 있다. 나는 ENFP로서, 외향(Extroverted), 직관(iNtuitive), 감정(Feeling), 인식(Perceptive)이라는 선호 경향이 있다. 종종 이 성향처럼 반응하지 않을 때도 있지만 ENFP가 나의 성향을 가장 잘 나타내고 다른 사람과 소통할 때도 가장 강하게 나타나는 모습이다.

외향 : 나는 학급의 오락부장처럼 회중 앞에 서는 것을 두려워하지 않는다.

직관 : 나는 상황을 파악하는 강한 직관력이 있다(나는 이 직관력을 영적 레이더라고 부른다.)

감정 : 나는 인생의 모든 영역에 깊은 감정을 느낀다(나는 어떤 상황의 원인과 명분에 강하게 이끌린다.)

인식 : 나는 내가 처한 상황이 무엇을 의미하는지 대부분 안다.

당신이 주변 사람들과 어떻게 소통하고 관계 맺는지 알 때, 당신을 따르는 사람들과 당신이 섬겨야 하는 사람들과 더 효과적으로 의사소통 할 수 있다.

2. 넓은 마음

교회 사람들[CHURCH PEOPLE]은 스스로 진리를 따른다고 생각하기 때문에 때로는 꽉 막히고 답답한 사람이 되기도 한다. 우리는 오직 예수 그리스도만이 온 세상을 구원할 유일한 이름이라고 믿으며, 성경만이 유일한 하나님의 말씀이라고 믿고, 올바른 기독교 교리를 정통이라고 믿는다. 하지만 이렇게 "옳은 것"을 추구하는 그리스도인의 성향 때문에 종종 주변의 순진하고 무고한 사람들이 고통받는다. 그리스도인들은 주변 이웃들에게 하나님의 사랑을 보여주어야 한다. 안타깝게도 정반대일 때가 더 많지만 말이다. 닫힌 마음과 좁은 생각은 우리가 이웃에게 다가가지 못하도록 막고 교회 안에서는 더 깊은 공동체적 예배 경험이 확대되는 것을 막는다. 예배 인도는 회중을 새로운 영역, 새로운 경험, 새로운 태도로 이끄는 것이다. 그러려면 예배 인도자는 다른 사람보다 더 넓은 마음을 가져야 한다.

3. 숫자 넣기 게임

나는 공항에서 비행기를 기다리면서 9×9칸에 숫자를 넣는 게임을 하는 사람들을 자주 보았다. 얼마 후 같이 일하는 동료가 숫자 넣기 게임을 하는 것을 보고 그 게임을 하는지 왜 하는지 질문했다. 동료는 복잡한 숫자 넣기 게임이 집중력을 높여주고 마음과 생각을 민감하게 유지하는 데 도움이 된다고 말했다. 맞다. 우리는 자신을 민감하게 유지할 무언가가 필요하다. "성공하는 사람들의 7가지 습관(2004, 287p)"의 저자 스티븐 코비는 이것을 "7번째 습관 : 톱을 갈아라[SHARPENING THE SAW]. 즉, 심신을 단련하라(재충전 하라)"는 말로 표현했다.

1) 말씀 준비

성경에서 예배 인도자들과 가장 비슷한 역할은 구약의 레위 제사장들과 신약의 목사와 교사들이다. 예배 인도자는 성경의 진리를 선포함으로써 회중이 하나님을 기쁘게 예배하도록 인도하는 책임이 있다. 예배 인도는 현대 성도들의 개인적인 예배의 삶과 회중의 공적인 예배를 위한 거룩하고 높은 부르심이다. 예배 인도자는 하나님을 높이는 예배 곡을 지혜롭게 선곡하고 연결할 책임이 있으며 이것을 위해 더 높은 차원으로 말씀을 준비해야 한다. 예배를 섬기기 위해 예배 인도자와 예배 팀은 얼마나 성경 말씀을 묵상하는가? 안타깝게도 내가 아는 많은 예배 인도자가 어떻게 하면 더 성경을 잘 이해하고 기록된 원어를 바르게 해석할지 고민하기보다는 코드 법과 박자, 화성학에 더 관심을 두고 최신 예배 곡이 언제 나올지에 빠져 있다. 말씀 준비를 소홀히 하지 말라.

2) 신체적 준비

내가 어렸을 때, 나는 어떤 음식이든 걱정 없이 먹을 수 있었다. 기름에 튀긴 핫도그에 거의 모든 소스를 다 뿌려 먹었고, 바싹 튀긴 기름진 음식과 즉석식품을 즐겼으며, 그렇게 먹고 한 시간 후에 오레오 한 봉지와 큰 아이스크림 한 통을 다 먹었다. 하지만 이제 그 찬란한 시절은 모두 끝났다. 지금 나는 과자 폭식을 막으려고 매일 셀러리 줄기를 14개씩 먹는다. 젊었을 때 건강과 상관없이 내가 먹고 싶은 것을 마음껏 먹은 결과는 모두 나의 몸무게로 돌아왔다. 초콜릿 케이크는 내장 지방이 되었으며 기름진 파스타는 나의 울퉁불

통한 허벅지 살이 되었기 때문에 나는 다른 어떤 문제보다 건강을 최우선 순위에 두고 식습관을 조절했다.

나는 건강의 위협을 느낀 후 몇 가지 다이어트 프로그램을 성공적으로 마쳤고 13Kg을 감량하는 데 성공했다. 확실히 운동을 시작한 이후 전보다 기분이 더 좋아졌고 겉으로 보기에도 훨씬 생기가 넘치며 발성도 좋아져서 노래도 더 잘 불렀다. 내 아내는 다른 어떤 것보다 내가 전보다 코를 덜 곤다는 사실에 즐거워한다! 만일 당신이 평균에서 벗어난 과체중이라면 그것은 명백한 문제다. 오해하지 말라, 나는 당신을 비난하는 것이 아니라 그저 사실을 말할 뿐이다. 과체중은 누구에게든 문제다. 하나님은 우리를 영혼육으로 창조하셨으며 이 세 영역은 서로 상호 보완적으로 작용한다. 예수님은 성령님의 임재로 우리 안에 거하신다. 주님께서 우리 안에 거하시기 때문에 우리의 육체도 중요하다. 예배 인도와 예배팀으로 섬기려면 시간을 들여 육체를 건강하게 관리해야 한다.

예를 들어 보자. 당신은 목 관리를 어떻게 하는가? 얼마나 자주 발성 연습을 하는가? 주일 아침 예배를 인도하기 전에 미리 목을 충분히 풀어 주는가? 어떤 사람들은 자기 목을 바르게 사용하지 않아서 좋은 목소리를 잃기도 한다. 나는 매일 15분에서 30분 정도 피아노 앞에 앉아 발성 연습을 한다. 만일 당신이 노래하는 사람이라면 주일 전까지 적어도 일주일에 세 번 이상 발성 연습을 하고 주일 예배 직전에 15분 이상 목소리를 풀고 예배팀에 서야 한다. 요즘 인터넷에는 수준 높고 실용적인 발성 훈련 프로그램이 많다. 다음은 내가 즐겨 이용하는 발성 연습 사이트들이다.

Steve Bowers ox : www.bowersoxinstitute.com
Chris Beatty : www.vocalcoach.com
Marjorie Searcy : www.marjoriesearcy.com
Brett Manning : www.singingsuccess.com

하나님이 창조하신 우리의 몸은 움직이도록 만들어졌다. 좋은 음악성과 꾸준한 영성 생활도 중요하지만 적절한 운동과 건강한 식단 없이 좋은 예배 인도자가 될 수 없다. 만일 건강관리에 어려움이 있다면 도움을 받아서 적절한 운동 프로그램을 시작하라. 운동은 생각만큼 어렵지 않다. 지금 시작하라! 정기적으로 산책하면 우리의 몸이 반응하는 것을 느낄 수 있다. 생각보다 우리 몸은 훨씬 더 치밀하고 정교하게 창조되었다. 우리는 자신의 몸을 적절하게 관리하고 유지할 책임이 있다. 우리가 조금씩 노력하고 관리하면 하나님이 우리의 수고에 새로운 활력으로 축복하실 것이다. 그러니 이제 일어나서 움직여라! 개인 성장을 위해 당신이 할 수 있는 모든 방법을 적극적으로 사용하여 자신을 변화시켜라.

7장 다섯 번째 비결 : 살아있는 지도력
KEY FIVE : LIVING LEADERSHIP

당신의 재능과 탁월함이 지도자가 될 가능성을 주지만 아버지에
게 물려받은 성품이 그 가능성을 지탱한다는 사실에 놀랄 것이다.
- 앤디 스탠리

　매력적인 예배를 위한 다섯 번째 비결은 인도자가 적절한 때에
지도력을 발휘하는 것이다. 자비량이든 전임 사역이든 예배 인도자
가 교회와 공동체에 좋은 영향을 끼치려면 말한 것을 살아내야 한
다. 이렇게 삶으로 살아내는 지도자 주변에는 항상 따르는 사람들
이 있기 마련이다. 내 친구 폴 발로쉬^{PAUL BALOSCH}는 오랜 세월 변화를 추
구하는 탁월한 예배 인도자다. 폴은 성공적인 작곡가요, 레코딩 아
티스트이며, 유명한 예배 인도자이면서 지금도 텍사스주 린데일의
지역 교회에서 예배 인도자로 섬긴다. 폴은 많은 예배 곡을 썼으며
가장 유명한 곡은 "내 맘의 문을 여소서", "모든 능력과 모든 권세",
"모든 나라 찬양하리", "왕 되신 주 앞에", "호산나" 등이 있다. 내
가 인테그리티 뮤직에서 작곡 관리자로 막 일하기 시작했을 때 폴
발로쉬도 함께 있었다.

나는 인테그리티 뮤직에서 폴 발로쉬의 작곡 관리자$^{SONG DEVELOPMENT}$ ^{MANAGER}로 일하면서 인테그리티에서 진행하는 앨범 녹음을 위해 폴과 함께 많은 노래를 만들었다. 폴은 내가 지금까지 알았던 어떤 사람보다 열심히 일하는 작곡자였다. 폴은 지금도 그때 내가 자기에게 얼마나 엄격하게 굴었는지 이야기하며 웃곤 한다. 내가 엄격한 편이었다면 폴은 다른 사람이 자기보다 더 잘하도록 격려하는 데 최선을 다하는 편이었다. 예전이나 지금이나 나는 폴이 젊은 작곡자와 예배 인도자들이 자신의 기량을 넘어 성장하도록 지속해서 격려하는 모습을 볼 때마다 깜짝 놀란다. 폴 발로쉬 같은 지도자들은 매일을 확실한 목적을 가지고 산다. 당신도 지역교회의 예배 인도자로서 확실한 목적과 목표 의식이 있어야 한다. 교회에 예배하러 온 모든 회중이 인도자를 바라본다. 그러므로 예배에서 예배 인도자는 회중의 역할 모델로서 예배 인도자는 회중이 하나님을 예배하게 하는 거룩한 책임을 맡았다. 예배 인도자는 주일마다 회중 앞에서 지도자로 살아야 한다. 과연 지도자로 사는 것은 어떤 것일까?

좋은 것에서 평범한 것으로

지도자로 산다는 의미는 다른 사람보다 먼저 생각하려고 애쓴다는 뜻이다. 예배 인도자는 자신과 회중을 위해 누구보다 먼저 마음속에 더 좋은 예배를 만드는 능력이 필요하다. 만일 이런 능력이 없는 예배 인도자는 틀에 박혀 항상 같은 노래를 부를 것이다. 예배 인도자는 언제나 가장 좋다고 느끼는 것이 머지않은 미래에 평범해질 것이라는 사실을 알고 대비해야 한다. 그러므로 예배 인도자들은 과거와 현재의 성공에 안주하지 말고 끊임없이 기도하면서 하나님께서 원하시는 것이 무엇인지 다음 단계를 마음속에 그려야 한다. 이 말이 한편으로는 굉장히 거창해 보이지만 아주 단순하게 설명하면, 오늘 인도하는 예배에서 하나님께서 어떻게 역사하실지, 또 예배 속에서 다음 곡과 상관없이 어떻게 역사하실지, 돌아오는 주일에 어떻게 하나님께 예배할지를 미리 기도해야 한다는 것이다.

예술적인 사람들은 마치 고양이 같아서 어디로 갈지 예측하기 어렵다. 만일 당신이 예배 인도자로서 예술적인 사람들에게 너무 일방적이고 거칠게 행동하면 그들은 당신을 거부하고 심지어 팀에서 뛰쳐나갈지도 모른다. 예술가들뿐만 아니라 사람들은 대부분 탁월함을 위한 압박을 이기기보다 갈등 없이 적당히 좋은 것을 유지하기 좋아하는데, 문제는 예배에서 적당히 좋은 것도 시간이 지나면 지루하고 평범해진다는 것이다. 우리의 예배에 문제가 있을 때 나타나는 다섯 가지 경고 신호를 알아보자.

1. 변화 없는 곡목

일반적인 교회는 1년 동안 12곡 이상 새 노래를 받아들이기 힘들어하며, 새 노래 대신 친숙한 노래를 무미건조하게 반복해서 부르는 경향이 있다. 예배 인도자나 예배팀도 오래 교회 예배와 회중을 섬기다 보면 새 곡을 가르치기보다는 회중에게 이미 익숙한 곡을 선호하는 경향이 생긴다. 어느 순간 예배팀과 회중은 교회 예배에서 매주 반복되는 곡에 지루함을 느끼고 예배의 흥미와 기대감을 잃은 체로 아무런 감동 없이 예배를 흉내 낸다.

2. 창의력 결핍

대다수 교회가 예배 인도자와 예배팀이 창의력을 발휘할 여지를 주지 않고 계획된 대로, 선을 넘지 않으면서, "우리 교회가 예배하는 방식"으로 인도하라고 요구한다. 이런 폐쇄적인 규정은 예배 인도자와 예배팀의 열정을 빼앗고 창의력을 앗아간다. 모든 예배는 그 안에 조금이라도 놀라운 시간이 있어야 한다. 하지만 많은 교회가 오랫동안 전해 내려오는 예식의 안전함과 지루한 리듬에 빠져 예배팀과 회중의 생명을 빼앗는다.

3. 친교 결핍

예배팀과 교회를 섬기는 사람들(목회자, 사역자)이 서로 잘 지내지 못하면 교회 전체가 고통을 겪는다. 예배팀과 교회를 섬기는 사람들이 진정한 친교를 맺으면 그 열매가 회중에게 흘러가서 서로 사랑하고 존중하며, 베풀고, 심지어는 선교에 영향을 끼친다. 예배팀과 교회를 섬기는 사람들이 관계가 좋지 않으면 회중은 재빠르게 눈치 챈다. 교회를 섬기는 사람이 다 최고의 친구가 되기는 어렵지만, 각자 섬기는 부서를 존중하면 서로 큰 도움을 받는다.

4. 상처받은 기분

좋은 인도자가 되는 것은 힘든 일이다. 왜냐하면, 인도자는 수고한 만큼 인정받기보다 평가절하당할 때가 더 많기 때문이다. 대다수 예술적인 사람은 타인에게 인정받고 칭찬받는 것을 보람으로 여기지만 예배 인도자와 예배팀은 사람의 칭찬이 아니라 하나님의 칭찬에 만족하면서 지나친 자기 높임을 주의해야 한다. 사실 이런 자기 부인을 통해 마음의 동기를 순수하게 지키는 것은 매우 힘들고 어렵다. 예배 사역에 문제가 있다는 첫 번째 징조는 예배 인도자와 예배팀의 마음에 상처가 쌓이는 것이다. 누군가의 말에 예배 인도자와 예배팀이 상처받아 좋지 못한 감정이 쌓이기 시작하면, 하나님을 위한 가장 좋은 것이 평범한 것으로 바뀐다. 작은 상처가 반복해서 쌓이면 한 개인을 넘어 사역 전체가 무너진다.

5. 참된 영성의 결핍

하나님은 우리를 영적인 관계를 갈망하도록 지으셨다. 신학적인 이유, 교단의 교리적 방향성, 목회자의 성향 등으로 예배에서 신비에 속한 영역을 제거하면 회중은 그것을 느끼고 말로 설명할 수 없는 영적인 허전함과 불만족을 느끼며 동시에 예배의 당위성과 즐거움을 잃어버린다. 우리의 예배가 즐겁지 않은 근본적인 이유는 예배에서 하나님의 신비를 경험하지 못하기 때문이다. 목회자와 예배팀이 예배의 신비로운 측면을 인정하고 받아들이고 적용하여 회중이 하나님의 신비를 직접 경험해야 영적인 갈망에 참된 만족을 얻는다. 많은 교회에서 목회자가 예배 인도자에게, 예배 인도자가 목회자에게 예배에 "놀라운 순간WOW MOMENTS"이 있었으면 좋겠다고 고백하는데, 이것은 예배에 미리 기획하지 않은 예상치 못한 하나님의 신비를 경험했으면 좋겠다는 의미다. 예배에서 신비한 순간은 음악으로 만들지 못한다. 오늘날 예배는 음악이라는 한정된 의미로 받아들여지지만 음악은 예배의 전부가 아니다.

많은 예배 사역이 멋지게 시작해서 점점 평범하고 지루해진다. 새로운 프로그램이 팡파르^{FANFARE}를 울리며 시작하지만 촛불이 꺼지듯 빨리 끝나 버린다. 성도들은 항상 예배와 성경 공부와 봉사 때문에 바쁘지만 그것이 자신을 채울 수 없음을 깨닫는 순간, 교회에서 찾을 수 없는 것을 세상을 통해 대신하려 한다. 예배 인도자의 도전은 예배와 창의적인 사역을 매력적이고 재미있게 유지하는 것이며, 만일 그러지 못하면 예배 사역은 좋은 것에서 평범한 것으로 전락하고 사역의 활력과 섬길 사람들을 잃게 된다.

매우 비효율적인 예배 인도자들의 일곱 가지 치명적 습관

1. 회중의 선호에 전혀 관심이 없다

예배 인도자가 빠지는 가장 치명적인 첫 번째 습관은 회중의 선호를 무시하는 것이다. *"회중이 뭘 좋아하든 나는 내가 좋아하는 걸 할 거야."* 음악은 감정의 언어다. 사람들은 저마다 마음을 울린 노래, 사랑에 빠졌을 때 듣는 노래, 언제든 다시 들으면 마음을 움직이는 노래가 있다. 우리가 신앙이 있다고 좋아하는 음악이 사라진 것은 아니다. 여전히 성도들은 개인마다 특별히 더 좋아하는 음악과 선율과 박자와 빠르기가 있으며 교회에서 자기가 선호하는 음악으로 하나님을 예배하고 싶어 한다. 예배 인도자는 회중의 음악 성향을 파악해야 한다. 회중의 나이, 지역 특징, 독특한 문화를 이해하라. 예수님께서 말씀을 전하실 때 회중에 따라 농부의 언어와 어부의 언어로 달리 말씀하셨던 것처럼, 당신도 예배 인도자로서 회중이 이해하고 받아들일 수 있는 음악적 언어로 소통해야 한다. 만일 당신이 회중을 무시하면, 회중은 당신의 예배 인도에 마음을 닫을 것이다. 예배 인도자의 사명은 자기가 부르고 싶은 노래를 부르는 것이 아니라 회중이 예배하도록 돕는 것이다.

내가 인테그리티 뮤직에서 근무할 때, 유명한 노래를 많이 만든 예배 인도자가 섬기는 교회를 방문했다. 그는 카우보이 문화가 충만한 미국 중서부 지역의 작은 교회에서 예배를 인도했는데, 그 교회는 마치 청바지 공장처럼 온 회중이 청바지 차림이었다. 그런데 내가 만나러 간 유명한 예배 인도자가 모던 워십 음악으로 예배를 인도하자 회중은 거의 반응하지 않았다. 예배가 끝나고 같이 점심을 먹으면서 나는 그 친구에게 조언했다. "당신이 섬기는 회중은 컨트리 음악을 좋아해요. 세 가지 기본 코드와 단순한 리듬으로 예배를 인도해 보세요." 이 예배 인도자가 나의 조언을 듣고 회중을 위해 자기에게 익숙한 예배 스타일을 버리고 회중의 음악 언어인 컨트리 음악으로 예배를 인도하자 회중은 즉각적으로 화답했다. 종종 예배 인도에서 일어나는 문제의 답은 아주 단순하다.

2. 목회자와 예배팀, 회중과 관계를 맺는 데 관심이 없다

관계는 하나님 나라의 화폐이다. 예배 인도자는 자기가 섬기는 회중을 사랑해야 하며 그렇지 않을 경우 회중은 예배를 통한 변화를 경험할 수 없다. 인도자의 생각보다 회중은 아주 민감해서 예배 인도가 회중을 위하지 않고 예배 인도자 중심으로 흘러가면 바로 알아차리고 불편해한다. 당신의 예배 인도를 향한 회중의 불평이 당신에게 전달되는 것보다 더 안 좋은 상황은 담임 목회자에게 당신을 향한 불평이 전달되는 것이다. 또 당신의 예배팀은 진정으로 사랑받을만하다. 잊지 말라. 예배팀은 그저 기능인의 모임이 아니라 작은 제자도 그룹이다. 성경은 이렇게 이야기한다.

두 사람이 뜻이 같지 않은데 어찌 동행하겠으며 (암 3:3, 개정)

예배 인도자는 팀원에게 충분한 사랑을 베풀면서 명확한 방향을 제시하고 넘치게 격려해야 한다. 만일 예배 인도자가 팀원에게 꾸준히 관심을 두지 않으면 불만이 쌓여 폭발하는 것은 시간문제다. 팀원들이 참을 수 있는 선을 넘으면 자기들끼리 인도자의 지도력을 험담하거나 더 심각할 경우, 공개적으로 지도력을 수정하라고 요구하고 그래도 달라지지 않으면 결국 팀을 탈퇴한다. 예배 인도자는 가수나 예술가가 아니라 지도자임을 기억하라. 예배팀과 회중이 교회에서 얼마나 중요한 존재인지 그들에게 전달하라. 예술가를 움직이는 연료는 자기의 진가를 알아보고 인정해 주는 것이다. 예배팀의 연료는 예배 인도자의 사랑과 격려다.

예배 인도자와 회중, 예배팀의 관계만큼 예배 인도자와 담임 목회자의 관계도 중요하다. 성공적인 교회는 찬양과 설교, 시작과 멈춤이라는 과거의 틀로 예배를 나누지 않고 하나로 이해한다. 가능한 한 최선을 다해 목회자와의 관계를 발전시켜라. 예배에 관한 좋은 책이 있으면 혼자 보지 말고 당신의 목회자와 공유하고, 효과적인 예배 사역을 위해 목회자의 예배 신학을 이해하려고 노력하라. 어떤 예배 인도자는 담임 목회자가 음악 용어를 잘 모른다고 비난하고 무시하는데 절대 그래선 안 된다. 예배 인도자가 신학을 잘 모를 수 있는 것처럼 목회자도 음악을 잘 모를 수 있다. 당신의 목회자를 사랑하면 사랑이 돌아오고 목회자를 무시하면 무시가 돌아올 것이다.

3. 가장 중요한 개인 예배를 주일 아침 예배라고 믿는다.

미국의 상당수 예배팀 연주자와 싱어가 사전 연습 시간과 주일 예배를 제외하고 거의 자기 악기를 연주하거나 노래하지 않으며, 많은 예배 인도자가 예배 인도할 때를 제외하고 개인적으로 하나님 아버지와 깊고 친밀한 시간을 보내지 않는다. 이것은 정말 끔찍한 일이다. 교회를 섬기는 모든 사역은 그리스도와의 개인적 교제가 흘러넘칠 때 최고의 열매를 맺는다. 만일 우리가 매일 하나님과 친밀하고 깊은 사랑에 빠지지 못한다면 과연 예배 인도자로서 회중에게 무엇을 제공할 수 있을까? 예배 인도자가 개인적인 삶에서 하나님과 친밀한 교제를 맺지 않으면서 회중을 깊고 친밀한 임재로 이끌 수 있다고 생각하는 것은 완벽한 착각이다.

당신은 늘 바쁘다고 말하는가? 우리 모두 바쁘지만 가장 중요한 것을 위해 시간을 낸다. 사랑하는 가족을 위해 좀 더 일찍 집에 들어가고, 친구들과 차를 마시며, TV를 보고 인터넷을 하려고 시간을 낸다. 사실, 우리는 하나님과의 친밀한 예배를 제외한 모든 것에 시간을 할애한다. 예배를 인도하려고 회중 앞에 서기 전, 먼저 당신의 마음 안에 하나님과의 친밀한 개인적 예배를 통한 신비의 연합이 일어나는지 확인하라. 개인 예배 없는 회중 예배는 있을 수 없다.

4. 예배 사역이 교회에서 가장 중요한 사역이라고 생각한다.

아마 당신이 예배팀이거나 예배 인도자라면 믿지 못하겠지만, 교회는 음악이 없어도 아무 문제가 없다. 중국을 비롯한 전 세계의 많은 지하 교회가 기타나 드럼, 기초적인 음향 시스템, 미디어 시스템, 심지어 예배 인도자 없이 오직 성령님만 의지해서 예배한다. 사실 예배 인도자는 우리의 생각처럼 반드시 있어야 하는 존재가 아니다. 당신의 교만이 당신의 유용성을 넘어설 때가 가장 위험한 순간이다. 나는 놀랍고 탁월한 재능이 있는 남녀들이 교회가 자기 때문에 돌아간다는 잘못된 생각에 빠진 것을 보았다. 예배 인도자는 회중이 하나님의 강력한 임재를 경험하도록 돕는 영광스러운 일을 하지만 이것이 예배 인도자가 회중과 교회 위에 군림해도 된다는 의미는 아니다. 예배 인도자는 회중을 다스리는 사람이 아니라 섬기는 사람임을 기억하자. 우리는 자주 건물이 교회이며, 예배 사역으로 지원해야 한다고 생각하는 데, 이것은 지극히 구시대적인 생각이다. 교회는 건물이 아니라 사람이다. 회중은 사랑과 지지, 중보와 축복, 기름 부음과 격려, 말씀과 교훈으로 세상을 섬기도록 파송된다. 음악은 이것을 돕는 아주 작은 부분일 뿐이다.

5. 자기보다 재능 있는 사람을 질투한다

나는 어렸을 때 가끔 하나님께서 나를 속이신 것은 아닐까 생각했다. 물론 지금의 나는 어느 정도 성공한 축에 들지만, 어렸을 때는 다른 사람은 완전한 재능을 받았지만 나는 절반 짜리 재능을 받은 것처럼 느꼈기 때문이다. 왜 나는 마이클 W. 스미스처럼 놀라운 재능이 없을까? 마이클 W. 스미스는 정말 천재다! 마이클의 목소리는 놀랍고 그의 곡은 정말 아름답다. 마이클 W. 스미스는 자신의 노래로 전 세계 기독교인에게 큰 은혜를 끼치고 진리를 선포하는 큰 기반을 만들었다. 나는 머리 모양만이라도 마이클 W. 스미스처럼 보이려고 몇 번 시도했지만, 내 머리는 믹서기에 아무렇게나 갈아 놓은 브로콜리 같았다. 과연 마이클을 향한 내 안의 질투심을 어떻게 해야 할까? 비교가 아니라 축복이 질투를 피하는 비결이다. 이제 나는 마이클과 비교하지 않으며 그를 축복한다. 당신보다 더 재능 있는 사람을 축복하고 그들이 재능을 발휘할 자리를 만들어서 모든 사람이 그 축복을 누리게 하라. 내가 어렸을 때 한 음악 사역자가 나를 질투한 적이 있다. 처음에는 내가 교회에서 독창을 하지 못하게 했고 나중에는 아예 앞에 서지 못하게 막았다. 그때 나는 정말 많은 상처를 받았지만 그 부당함에 부드러운 마음으로 묵묵히 대응했다. 질투는 악마적이다. 무슨 수를 써서라도 질투를 피하고 다른 사람의 재능을 축하하고 기뻐하라.

6. 삶에 죄를 허용한다

우리가 삶에서 그리스도와의 친밀함을 추구하지 않으면 결과적으로 마귀가 우리 삶에 들어오는 문을 열어 주는 것과 같다. 하나님은 우리를 영적인 관계를 맺도록 창조하셨으므로 하나님과 관계를 맺든지 악한 세력과 관계를 맺든지 둘 중 하나의 결과가 우리를 기다린다. 온 세계와 교회에 음란물 중독이 악한 전염병처럼 휩쓸고 있다. 슬프게도 기독교인을 포함한 모든 남성의 약 70%가 인터넷

음란물에 빠져 있다. 우리는 삶에 분명한 기준과 적절한 규율이 필요하다. 책임 있는 태도로 담대하게 그리스도의 빛 안에서 어둠을 마주하여 오직 주님만 만유의 주이심을 선포해야 한다. 죄 중에는 속임수를 통한 조작이나 교묘한 조종처럼 미묘한 죄가 많다. 최근에는 음란물이 미묘한 죄보다 훨씬 큰 죄처럼 보이지만 하나님의 눈에는 모든 죄가 다 같으며, 어쩌면 우리도 모르게 기도의 능력을 무시하고 기도하지 않는 것이 가장 널리 퍼진 죄일 수도 있다. 안타깝게도 많은 신자가 성경을 온전히 믿지 않고 의심하며 무엇을 믿는지도 모른 체 교회를 다닌다. 심지어 철학과 신입생조차 성도가 믿는 진리와 신앙이 왜 잘못되었는지 설득할 정도로 우리의 믿음이 허술한 것은 정말 큰 문제다.

과연 예배 인도자의 삶에 죄가 있어도 예배를 인도할 수 있을까? 하나님이 느껴지지 않는데 예배 인도를 할 수 있을까? 가능하다. 내가 여러 번 이렇게 예배 인도를 해보았기 때문에 잘 안다. 예배 인도자의 마음이 하나님으로부터 100만 킬로미터나 멀어진 것처럼 무감각해도 예배 인도가 가능하다는 것은 사실 매우 위험한 것이다. 몇 년 전에 내가 섬기던 교회에 문제가 생겨서 큰 예식장처럼 되어 버렸다. 나는 하나님과 모두에게 매우 화가 났지만 가족 앞에서 실망한 모습으로 사역하는 모습을 보여주고 싶지 않았기 때문에 가족을 다른 교회로 보내고 예배 인도를 계속했다. 나는 여전히 화가 난 태도로 예배를 인도했다. 하나님은 나의 상태와 상관없이 회중에게 은혜를 부어 주셨다. 하지만 내 섬김으로 회중이 은혜받았다는 사실이 내가 옳았음을 증명하는 것은 아니다.

7. 인정받고 대접받지 못하면 쓴 마음이 생기고 화를 낸다

쓴 마음은 예배 인도자들이나 회중이 교회를 떠나는 가장 큰 이유다. 예상치 못한 부정적인 일을 겪고 난 후 극복하지 못하면 마음에 상처와 분노가 남는다. 교회를 섬기는 사역자들과 회중이 목회자에게 화를 내고 원망하는 이유는 단순하다. 목회자가 사람들이 무엇을 원하는지 세심하게 신경 쓰지 않기 때문이다. 불만을 품은 사람들은 대부분 드러나게 논쟁하지 않고 쓴 마음을 숨기며 조용히 있다가 어느새 교회를 떠나버린다. 이것은 사람이 자기를 보호하는 자연스러운 방어 본능이지만 교회는 하나님께서 자신을 반영하려고 창조하신 독특한 몸이며 충만한 하나님의 사랑이 함께 하는 곳이다. J.B 필립스가 해석한 골로새서 3:14에 나온 것처럼 우리는 "이 모든 것 위에 사랑을 더하라 이것은 모든 선 위에 있는 금 사슬^{GOLDEN}^{CHAIN}이니라"(이 모든 것 위에 사랑을 더하십시오. 사랑은 완전하게 묶는 띠입니다.)라는 말씀을 얼마나 살아내는가?

나는 당신이 깜짝 놀랄만한 이야기를 하려고 한다. 당신은 좋은 대접을 받지 못할 것이다. 당신이 받을 대접은 무엇인가? 답은 명확하다. 죄인의 형벌! 하지만 당신이 예수님을 믿는 순간, 당연히 받아야 할 영원히 불타는 지옥의 형벌에서 제외되었으며 영원한 환희 속에 하나님과 함께하는 영생의 축복을 받았다. 이제 다른 모든 것은 그저 덤으로 누리는 것이다. 만일 당신이 교회와 목회자와 회중은 예배 인도자에게 최고의 대접을 해야 한다고 생각하는 사람이라면, 당신이 어느 교회를 섬기든 교만과 허세로 불화를 일으킬 것이다. 만일 목회자가 당신을 대접하지 않는다고 느껴진다면 목회자의 태도와 잘못을 따지기 전에 먼저 당신의 자존감과 태도를 점검해야 한다. 정말 목회자가 당신에게 모질게 대하는가 아니면 당신의 쓴 뿌리에서 나오는 피해망상인가? 당신은 주변 사람들을 어떻게 대하는가? 혹시 주변 사람들을 당신의 은사와 재능을 인정받기 위한 도구로 사용하지는 않나? 당신은 심은 대로 거두며(갈 6:7), 교만 이후에는 실패와 타락이 있다(잠 16:18). 당신의 마음에 교만이 틈타지 못하게 하라.

위대한 예배 인도자

당신이 생각하는 가장 위대한 예배 인도자는 누구인가? 크리스 톰린, 데이빗 크라우더, 그래함 켄드릭, 던 모언, 마이클 W. 스미스, 달린 첵이 떠오르는가? 확실히 이들은 모두 독특한 재능으로 전 세계에 큰 공헌을 했다. 우리는 이 질문에 앞서 가장 위대한 예배 인도자의 기준과 자격을 정의해야 한다. 다음이 내가 생각하는 가장 위대한 예배 인도자의 필수 요소다.

- 온 마음과 뜻과 힘과 생각을 다 해 하나님을 사랑하며(신 6:5)
- 아주 깊은 영적인 삶을 살고
- 묵묵히 성령님의 인도를 따르며
- 모든 회중이 무엇을 원하는지 잘 이해하고
- 사람들을 하나님께 연결하는 능력이 있으며
- 완벽하게 거룩한 삶을 살고
- 사람들이 아버지 하나님께 집중하게 하는 예배 인도자

오직 한 분, 예수님만 이 놀라운 기준을 완벽하게 충족하신다. 예수님은 지구 역사상 가장 완전한 예배 인도자이시며 지금도 아버지 보좌 우편에서 우리를 위해 중보하신다(히 7:25). 예수님께서 우리의 완벽한 예배 인도자시다. 예수님은 우리를 대표하여 하늘의 거룩한 지성소에서 아버지께 우리의 예배를 올려드린다. 우리는 하나님께 완벽한 예배나 온전한 사랑을 드릴 수 없지만, 예수님은 우리를 위해 우리가 할 수 없는 일을 하셨다. 예수님은 우리의 본이 되는 예배 인도자, 중보자, 예배자시다. 우리가 할 일은 하나님 아버지의 보좌 앞에 계신 예수님을 본받는 것이다. 우리는 믿음과 제자도로 성장하며 삶에서 하나님의 성품을 닮아간다. 하지만 우리의 힘으로는 이것을 온전히 이룰 수 없으며 성령님의 인도를 따라야 한다.

> "우리가 할 일은
> 하나님 아버지의 보좌 앞에 계신
> 예수님을 본받는 것이다."

8장 보이지 않는 비결 : 성령의 인도
THE UNSEEN KEY : LEADING BY THE SPIRIT

"아버지께서 약속하신 것을 기다리라" (행 1:4)

나는 얼마 전에 욕실에서 양치질을 하다 아버지를 만났다. 욕실에서 양치질하는 거울 속 내 모습이 딱 기억 속 아버지였다. 거울 속에 보이는 내 모습 속 아버지는 눈가에 약간 주름이 있었고 구레나룻이 희끗했으며 머리는 헝클어져 있었다. 과연 언제부터 나는 기억 속 아버지의 모습과 비슷해졌을까? 어렸을 때 나는 아버지를 닮기보다 나 자신이 되고 싶었지만, 지금 거울 속 모습에 담긴 아버지를 부인할 수 없다. 나는 아버지의 DNA를 물려받은 아들이기 때문에 여러 면에서 아버지를 닮았다. 물론 아버지와 완전히 똑같지는 않지만, 아버지를 아는 사람은 누구라도 나를 보고 아버지를 떠올릴 만큼 비슷하며 나이를 먹을수록 점점 더 명확해 진다. 우리의 하늘 아버지도 마찬가지다. 하나님도 우리에게 영적인 DNA를 물려 주셨으며, 한 걸음 더 나아가 성령님의 권능으로 우리 안에 아버지의 본

성을 나타내신다. 우리가 하늘 아버지께 더 많이 양보할수록 우리
는 아버지를 더 많이 경험하고 닮는다. 이것이 바로 매력적인 예배
ENGAGING WORSHIP의 힘이다. 우리가 하나님을 볼 때 하나님을 닮아간다.

바울은 고린도후서 3장에서 새 언약의 영광이 옛 언약의 영광보
다 더 크다고 한다. 스트롱성경 종합 용어 색인은 새 언약의 영광이
라는 문장에서 영광의 그리스어 "독사"의 의미가 "영광, 존귀, 찬
양"이라고 설명하며, 옛 언약의 영광에서 영광의 히브리어는 "카보
드KAVOD이고 "무게 또는 물질, 실체"를 의미한다. 하나님은 구약에서
이스라엘 백성을 하나의 국가로 다루신다. 이스라엘 백성은 광야에
서 낮에는 구름 기둥, 밤에는 불기둥을 보았으며 장막과 성전에 임
하는 쉐카이나SHEKINAH 영광을 보았다. 구약에서 이스라엘 백성과 하나
님의 관계는 완전히 "외부적인 것"이었다. 하지만 신약에서 하나님
의 임재는 성전에서 우리 마음으로 옮겨왔다. 신약의 변화는 구약
보다 훨씬 좋은 일이다. 왜냐하면 이 변화 때문에 하나님께서 지금
우리와 함께하시기 때문이다. 내주하시는 하나님의 임재는 변화를
추구하는 예배 인도에서 가장 효과적이고 중요한 비결이다. 바울은
고린도 교인들에게 성령님을 통한 변화를 추구하라고 권면했다. 고
린도 후서는 이렇게 말한다.

> 17 주는 영이시니 주의 영이 계신 곳에는 자유가 있느니라 18 우리
> 가 다 수건을 벗은 얼굴로 거울을 보는 것 같이 주의 영광을 보매
> 그와 같은 형상으로 변화하여 영광에서 영광에 이르니 곧 주의 영
> 으로 말미암음이니라 (고후 3:17~18)

우리가 하나님께 노래할 때, 역사를 주관하시는 하나님의 손길과 살아계신 하나님의 명백한 임재를 경험한다. 우리가 성찬에서 주님의 살과 피를 기념할 때, 주님의 죽으심과 부활하심, 영광으로 다시 오겠다 약속하신 언약을 기억한다. 우리가 성경을 읽고 기도할 때 하나님의 실체와 영광을 경험하며 변화된다. 참으로 다행인 것은 하나님께서 절대 변함이 없으시다는 사실이다. 히브리서 13:8은 하나님이 어제나 오늘이나 영원토록 동일하시다고 말한다.

우리가 거룩하신 하나님의 불타는 눈을 주목할 때, 하나님의 사랑의 불이 우리 안에 거룩하지 않은 모든 것을 불태운다. 우리가 영광에서 영광으로 변화된다고 할 때, 그리스어 독사의 의미 "영광, 존귀, 찬양"을 적용하면 곧, 우리가 찬양에서 찬양으로 변화한다는 말이다. 예배는 우리가 하나님께 존귀와 영광을 돌리는 것이며 우리가 예배할 때 우리 내면에 하나님의 거룩한 영향력이 임한다. 그래서 우리가 하나님을 예배할수록 하나님을 닮고 하나님께 더욱 진실하게 예배한다.

성령의 능력으로 인도하라

성령의 능력을 의지하는 예배 인도는 모든 사람을 하나로 연결하는 보이지 않는 강력한 비결이다. 우리 안에 계시는 영광스러운 성령께서 우리를 변화시키는 모든 비결을 하나로 묶어 우리가 하나님의 성품과 본성에 가까이 다가가도록 돕는다. 신약 성경 골로새서에 거룩하신 하나님의 임재를 설명하는 말씀이 나온다.

24 나는 이제 너희를 위하여 받는 괴로움을 기뻐하고 그리스도의 남은 고난을 그의 몸된 교회를 위하여 내 육체에 채우노라 25 내가 교회의 일꾼 된 것은 하나님이 너희를 위하여 내게 주신 직분을 따라 하나님의 말씀을 이루려 함이니라 26 이 비밀은 만세와 만대로부터 감추어졌던 것인데 이제는 그의 성도들에게 나타났고 27 하나님이 그들로 하여금 이 비밀의 영광이 이방인 가운데 얼마나 풍성한지를 알게 하려 하심이라 이 비밀은 너희 안에 계신 그리스도시니 곧 영광의 소망이니라 (골로새서 1:24~27)

우리 안에 하나님의 영광이 거하신다. 하나님의 영, 성령은 예수 그리스도의 영이시다. 성령은 우리가 하나님께 예배할 때 우리 안에 모든 것에 하나님 닮기를 갈망하는 마음을 부어주신다. 예배 인도자는 성령을 의지하여 기도의 능력과 바른 방향, 창의성으로 하나님을 더 명확하게 인식하고 예배를 인도할 힘을 얻는다. 성령에 이끌리는 예배 인도는 헛된 바램이나 그림의 떡이 아니라 실제적이고 실용적이다. 성령님은 우리 안에 계시면서 우리가 하나님 아버지를 기쁘게 해드리는 삶을 살도록 도우시며 우리가 가야 할 올바른 길로 인도하신다. 성령은 우리의 예배에서 우리가 창의성을 발휘하도록 인도하시는 권능의 하나님이시다. 우리가 성령의 인도를 받으려면 어떻게 해야 하는가? 이제 눈에 보이지 않지만 우리 안에 내주하시는 성령 하나님의 임재 안으로 들어가는 3가지 방법을 소개한다.

1. 성령과 친구가 되라

많은 신학자가 삼위일체 중 세 번째 위격이신 성령을 잘 이해하지 못했다. 성령님은 자신을 높이지 않고 예수님을 증거하고 아버지를 높이는 신비로운 사역을 하신다. 요한복음 14장에서 예수님은 우리에게 보혜사를 약속하셨다. 헬라어로 보혜사는 "우리 옆에서 돕는 한 분"이라는 의미다. 26절에서 예수님은, *"보혜사 곧 아버지께서 내 이름으로 보내실 성령 그가 너희에게 모든 것을 가르치고 내가 너희에게 말한 모든 것을 생각나게 하리라"*라고 하셨다. 성령님은 우리 삶의 방향을 우리가 결정하지 않고 그리스도께서 이끄시도록 권면하신다. 성령은 강력한 권능으로 우리를 도우시지만 안타깝게도 우리는 성령의 도움을 거의 받지 않는다. 당신이 참된 변화를 추구하는 예배 인도자가 되는 가장 좋은 방법은 삼위 하나님처럼 당신도 성령님과 친구가 되어 친밀하게 교제하는 것이다. 주 후 381년에 이단 신앙을 배척하고 정통 신앙을 수호하려고 채택한 니케아 콘스탄티노플 신조에 이런 내용이 있다.

> 주님이시며, 생명을 주시는 성령을 믿나니,
> 성령은 성부 성자에게서 나시며,
> 성부와 성자와 더불어, 같은 경배와 영광을 받으시며,
> 예언자를 통하여 말씀하셨나이다.
> (대한 성공회 번역)

성령은 우리에게 하나님께 속한 것을 주시고, 우리가 하나님께

나아가게 하시며, 우리에게 말씀하시는 하나님이다. 성령은 아버지 하나님과 아들 예수님과 함께 찬양과 경배를 받으시며 영광 받으실 삼위일체 하나님이시다. 성령을 바르게 이해하는 것은 예배 인도자들에게 매우 실제적이고 실용적이다. 왜냐하면, 우리가 예배를 인도할 때 성령의 은혜로 하나님의 조언과 위로에 직접 연결되기 때문이다. 당신은 성령의 음성을 친밀하게 듣고 인도하심 받는가?

2. 성령의 인도하심에 민감성을 계발하라

나는 예배를 인도할 때 성령께서 주시는 감동에 집중하는 것을 항구에서 오는 전파를 받으려고 배의 가장 높은 곳에 설치한 레이더와 비교하곤 한다. 성령은 우리가 어떻게 아버지께 영광 돌려야 하는지 아시며 그 방법을 우리에게 감동으로 알려주신다. 우리는 성령의 감동을 내면의 영적인 감동으로(레이더) 포착하고 그 감동을 따라 노래를 멈추고 떠오른 성경의 구절을 읽거나 마음의 생각을 나누며 기도를 인도하거나 예언적인 말씀을 선포하기도 한다. 나는 언제든 성령의 감동과 인도를 따라 순종하도록 나의 민감성이 계발되기를 원한다. 성령의 목적은 사람들이 예수님의 말씀에 집중하고 아버지께 영광을 돌리는 것이므로 사람들의 관심을 자신에게 이끌지 않으신다. 예배 인도에서 성령의 목적은 인도자나 회중을 혼란하게 만드는 것이 아니라 예배로 모든 사람이 하나님께 나아가는 것이다. 나는 이것이 성령의 "숨겨진 리듬"이라고 생각한다. 성령은 온화하고 정중하게 우리의 옆구리를 '쿡' 찌르시면서 우리가 하나님이 어떤 분인지 경험하도록 인도하신다.

오직 예수님만 아버지를 온전히 높이셨으며 우리는 하나님께 완전한 예배를 드릴 능력이 없다. 죽음에서 부활하신 예수님은 우리가 아버지 하나님께 더 나은 예배를 드리도록 지금도 거룩한 대제사장으로서 아버지 하나님 우편에서 예배하시며 우리를 인도하신다. 우리의 예배를 온전케 하는 것은 우리의 탁월함이나 치밀한 기획이 아닌 예수님의 헌신이다. "공연 예배PERFORMANCE WORSHIP"는 노래가 곧 예배이며, 우리가 완벽한 노래로 하나님을 예배할 수 있다고 착각하게 만든다. 예배 인도자와 목회자가 주님의 음성을 구하며 하나님께서 원하시는 예배를 계획할 때부터 성령의 인도하심을 향한 민감성이 작동한다. 우리가 하나님의 마음을 알기 위해 기도하고 하나님의 음성을 들을 준비를 하면 성령께서 아버지께 영광 돌리는 실제적이고 효과적인 방법으로 우리를 인도하신다.

최근에 나는 다른 교회에서 예배를 인도하는 중에 환상을 보았다. 한두명이나 일이십명 정도가 아니라 수천이나 되는 천사가 예배실 전체를 상하좌우로 가득 채웠으며 한 무리는 건물 밖을, 한 무리는 지하를, 한 무리는 지붕을 덮었고 하늘에서 큰 비둘기가 교회에 내려와 앉았다. 나는 평상시에 환상을 보는 사람이 아니다. 하지만 하나님은 내가 본 환상을 교회의 목회자와 기도팀과 예배팀에게 나누라는 감동을 주셨고 내가 본 것을 사람들과 나눈 후 어떤 일이 일어날지 지켜보았다. 알고 보니 그 교회는 온 회중이 한마음으로 성령의 큰 역사가 임하기를 간절히 기도하는 중이었으며 감사하게도 내가 본 환상이 하나님께서 그 교회를 새로운 영적인 시기로 인도하신다는 희망을 주었다.

이전까지 내가 이해한 성령의 인도를 받는 예배 인도는 나의 주관을 내려놓고 찬양으로 은혜롭게 말씀 선포를 뒷받침하는 것이었다. 하지만 내가 주님께 의지할 때, 성령께서 내 노래를 통해 직접 사람들을 위로하시고 권면하시며 깊은 기도로 이끄셨다. 내 마음의 인간적인 목표 의식은 종종 하나님의 방법을 따르지 않고 나의 인간적인 방법을 추구하기 때문에 의지적으로 라디오 주파수를 맞추듯 성령의 감동에 맞추어 하나님의 뜻을 따라가야 한다. 우리가 신자가 되었으므로 성령을 향한 민감성이 자연스럽게 있을 것이라는 기대는 완전한 착각이다. 성령을 향한 민감성은 저절로 계발되는 것이 아니다. 하나님의 음성을 듣기 위해 공적인 예배가 시작될 때까지 기다리지 말고 매일 하나님을 향한 민감한 마음을 계발하라.

3. 다른 사람들에게 성령과의 친밀한 교제를 알려라

많은 그리스도인이 삶에 역사하시는 성령의 권능을 불편해한다. 이들은 성령의 존재를 인정하지만 그저 귀여운 꼬마 유령 캐스퍼(미국의 유명한 애니메이션 캐릭터로써, 유령을 귀여운 친구처럼 묘사한다.)처럼 하찮게 생각한다. 이유는 단순하다. 많은 목회자가 성도들에게 성령과의 친밀함보다 교회 출석, 주일 성수, 봉사와 헌신, 십일조, 성경 공부를 더 강조했기 때문이다. 성령을 알지 못하는 어떤 사람은 깊은 기도로 들어가 잠잠히 묵상하며 우리 안에 계신 그리스도의 임재를 민감하게 느끼는 것을 하찮은 시간 낭비로 생각한다. 묵상의 요점은 우리 안에 거하시는 성령을 민감하게 느끼는 것이다. 변화를 추구하는 예배 인도자의 보이지 않는 비결은 성령이다.

성령을 향한 민감성을 개발하는 또 다른 비결은 다른 사람들이 성령께 민감하도록 격려하는 것이다. 사전 연습을 할 때 싱어와 연주자들과 기도하고 말씀을 묵상하거나, 예배를 인도할 때 회중이 끝없이 노래하기보다는 잠시 조용히 예수님을 묵상하게 하면 성령의 감동이 또 다른 은혜로 우리에게 실재가 된다. 모든 신자는 믿을 때 세례를 받고(갈 3장) 그 내면에 성령께서 거하신다. 성령은 그리스도 안에서 우리의 구원을 인 치신다(엡 1). 하지만 많은 신자가 성령의 사역에 관심이 없다. 그러므로 먼저 예배 인도자인 당신부터 성령을 더 알도록 공부하라. 성령의 은사와 열매가 무엇인지 연구하고 그것을 당신의 삶에서 누려라. 만일 당신이 성령께 관심이 없다면 예배 인도자로의 영성과 예배 인도는 발전하기 어렵다.

교단이나 목회자의 신학적 방향성에 따라 목회자들은 예배 인도자가 정해진 예배 시간을 지키지 않거나 통제하기 어려운 상황을 만드는 것을 불편해한다. 그러므로 예배 인도자가 성령을 민감하게 느끼고 순종할 때, 그것이 정해진 순서와 다르면 목회자와 충돌할 우려가 있다. 예배 인도자들은 예배에서 성령과 관련된 무언가를 실천하기 전에 먼저 목회자와 예배에서 성령을 통한 인도를 어떻게 다룰지 나눠야 한다. 안타깝지만 목회자와 예배 인도자가 서로 예배 신학의 일치를 이루지 못해 갈등하는 경우가 많으며 대부분의 예배 인도자의 교회와 목회자의 방향을 일방적으로 따른다. 사실 성령께서 하시는 일과 그것을 따르는 방법에 미묘한 차이가 있다. 목회자는 교회의 수석 신학자이며 사소한 신학적 차이를 조율할 책임이 있음으로 예배 인도자는 목회자의 권면과 결정을 존중해야 한다. 만일 예배 인도자와 목회자가 예배에서 성령의 역할과 적용에 생각의 차이가 있다면 솔직하게 대화를 나누되 최종적으로 인도자가 목회자의 권면을 따르는 것이 좋다. 예배의 다양성을 놓고 목회자와 더 많이 대화할수록 더 좋은 결과에 접근하겠지만 목회자와 면담한 후에도 여전히 성령의 사역을 받아들이는 방향에 일치를 보지 못한다면 당신의 관점을 존중하는 사역으로 사역지를 옮기는 방법도 있다.

예배로 변화되는 삶

교회 예배의 목표는 회중이 예배 안에서 변화되어 하나님을 닮는 것이다. 미국의 많은 교회가 다양한 문화를 받아들이지만 신비와 초월성 이해는 부족한 편이다. 예배에서 하나님을 만나는 것, 하나님의 임재를 경험하고 하나님을 닮는 것은 어떤 시대 변화와 민족 차이에도 변하지 않는다. 만일 우리가 다양한 문화를 포용하는 것과 하나님의 임재를 바꾸면, 결국 예배의 모든 것을 잃는 것이다.

돈 샐리어스[DON SALIERS]는 저서 예배 신학[WORSHIP AS THEOLOGY, 1994, P.16]에서 신학의 첫 번째 목적은 우리의 모든 것을 다해 역동적으로 하나님을 예배하게 하는 것이다. 예배는 절대 정적이지 않고 역동적이다. 신학의 두 번째 목적은 하나님이 어떤 분인지 말씀을 읽고, 연구하며, 듣고, 가르치는 것이라고 한다.

로버트 웨버[ROBERT WEBBER] 박사는 저서 살아있는 예배[WORSHIP IS A VERB]에서 진정한 예배는 "성령님께서 우리에게 계시하신 하나님의 계획에 적극적으로 반응하는 것"이라고 한다.

에블린 언더힐[EVELYN UNDERHILL]은 저서 예배[WORSHIP, 1991, P.48]에서 "예배는 자

신의 영원한 사랑을 유한한 시간대 안에 직접 계시하신 하나님을 향한 사람의 사랑으로 충만한 반응이다" 라고 한다.

하나님은 계시하시고 우리는 응답한다. 예배와 노래 다르다. 노래는 예배에 포함되지만 노래 자체가 언제나 예배를 의미하지 않는다. 마치 오토바이를 차고에 넣었다고 해서 자동차가 되는 것이 아니듯, 사람이 나무에 오른다고 다람쥐가 아니듯 교회에 앉아서 노래를 부른다고 예배자가 되는 것이 아니다. 예배는 마음에서 하나님을 향해 우러러 나오는 역동성이다. 무턱대고 아무 신을 향해 노래하거나 기도하는 "행위"가 중요한 것이 아니라 올바른 방향으로 올바른 방법으로 살아계신 하나님을 예배해야 한다. 우리가 부르는 노래의 종착점은 하나님을 만나고 은혜를 경험하며 우리의 실체를 깨닫고 하나님만 의지하며 하나님을 닮아가는 것이다.

변화를 추구하는 예배는 단지 기도와 종교적인 행위 같은 영적인 활동만을 의미하지 않으며 그리스도를 위해, 그리스도 안에서 사는 것을 말한다. 변화를 추구하는 예배의 삶은 성령 안에서 우리의 인간적인 모든 것을 내려놓고 그리스도의 사랑과 부활의 생명력으로 사는 것이다. 예배는 단지 노래를 부르는 것이 아니며 하나님의 마음으로 더 가까이 나아가는 한 방법이다. 그러므로 그리스도께서 종의 옷을 입고 제자들의 발을 씻기셨듯이 우리의 모든 야망을 포기하는 것도 예배하는 삶의 모습이다. 예배의 삶은 순간마다 하나님이 더 커지고 우리는 더욱더 작아져서 깨어진 마음으로 하나님께 의지하는 진정한 기쁨을 주며 이 기쁨이 우리의 예배와 예배 인도를 변화시키는 방법이다.

모든 예배 인도의 종착역은 삶의 예배다. 모든 신자가 삶의 예배를 살리려면 함께 모여서 예배하는 것부터 시작해야 한다. 교회의 모든 예배는 하나님께 드리는 내면의 전적인 헌신을 나타내는 상징적 표현이다. 예배에서 손을 높이 드는 것은 우리 마음을 하나님께 드리는 것이며 무릎을 꿇고 엎드리는 것은 하나님의 주권 앞에 겸손해지는 것을 의미하고 기쁨으로 가득 한 춤은 하나님께서 우리 죄를 용서하시고 기쁨으로 채우셨음을 의미한다. 입을 열어 즐겁게 찬양하는 것은 우리가 예배 공동체로 하나 되었음을 알려준다. 주 6일간의 삶이 예배로 드려지지 못했다면 이렇게 풍성한 하나님을 향한 풍성한 예배의 표현은 그 의미를 잃는다.

매력 있는 예배를 인도하고 싶다면 성령께서 함께해야 한다는 사실을 인정하고 간절히 원해야 한다. 하나님을 예배하는데 최신곡이나 최신 음향 기술을 성령보다 더 의지하면 안 된다. 또 예배 사역은 회중을 섬기는 것이 맞지만 회중과 거래하는 태도는 옳지 않다. 예배는 회중과의 거래가 아니기 때문이다. 무엇보다 항상 성령을 구하고 의지하라. 예배 인도자는 예배를 가르치는 사람이며 예배 영역의 목자이고 예배하도록 격려하는 사람이며 끝없이 예배를 배우는 학생이어야 한다. 음악은 예배를 위한 훌륭한 도구지만 음악이 예배 그 자체는 아니다. 참된 예배의 삶은 돈을 주고 살 수 없다.

예배 인도자는 자연적이며 영적인 두 세계의 교차점에 서 있다. 예배 인도자의 한쪽 귀는 목회자와 예배팀과 회중의 소리를 듣고 한쪽 귀는 성령의 음성에 집중해야 한다. 우리는 이 극과 극의 영역이 서로 가깝기를 희망한다. 하지만 예배 인도는 절대 쉽지 않다. 참된 예배를 인도하는 것보다 음악 공연이 더 쉬운 이유는 그저 음악만 신경 쓰면 되기 때문이다. 하지만 예배는 단지 음악을 연주하는 차원을 넘어 회중이 하나님의 임재를 경험하고 바른 지식을 경험하도록 인도하기 때문에 쉽지 않다.

이제 어떻게 해야 하는가?

나는 이 책에서 할 수 있는 한 어떻게 예배해야 하며 인도해야 하는지의 "방법"은 언급하지 않으려 했다. 그 이유는 교회마다 뿌리 내린 예배 가치와 방법이 다르기 때문이다. 우리는 섬기는 교회와 목회자와 인도자의 고유한 특성에 따라 다양한 방법으로 하나님을 예배한다. 교회 음악의 역사에서 오랜 시간 동안 계속된 "어떤 음악으로 하나님을 예배해야 하는가?"의 논쟁은 절대 해결하지 못할 숙제이자 앞으로도 여전히 계속될 큰 문제다. 우리의 시간을 이런 논쟁에 허비하지 말고 모든 지역 교회가 그리스도를 중심으로 각자의 교단과 신학과 회중의 예배 철학으로 고유한 예배 신학을 가져야 한다.

그래서 나는 어떻게 해야 하는가가 아니라 어떻게 하면 가능한가?의 관점으로 접근하고 싶다. 어떻게 하면 더 좋은 지도력을 갖출까? 어떻게 하면 예배 인도자와 예배팀이 목회자와 회중이 예배를 더 잘 이해하도록 도울까? 어떻게 하면 변화를 추구하는 예배 인도자가 될까?" 수많은 질문을 향한 나의 대답은 "노래하는 것이 곧 예배라는 거짓말에 속지 말고 예배를 고차원적으로 여기라"는 것이다. 많은 신자가 거룩해 보이려고 얌전히 앉아 매주 같은 노래를 부르며 어떤 예배의 변화도 용납하지 않고 모든 것이 항상 같아야 한다고 생각한다. 나는 모든 교회의 현상 유지를 추구하는 영적인 수동성에 거룩한 불만족이 임하기를 간절히 기도한다.

어쩌면 당신은 이 책을 읽기 전에는 예배 사역은 그저 주일 예배에서 설교 전에 잠깐 노래하는 것이라고 생각했을지도 모른다. 기본 기타 코드 세 개로 예배하는 것 외에 더 다양한 예배 음악 스타일이 있는지도 몰랐으며 주일 예배에서 새로운 찬양을 부르는 것조차 힘든 일이었을지도 모른다. 어쩌면 교리와 신학과 생소함 때문에 성령께 민감해야 한다는 말이 여전히 불편할지도 모른다. 하지만 당신이 이전보다 더 매력적인 예배를 인도하기 원한다면 이제는 이 책의 내용을 적용하고 실천해야 한다. 당신의 모든 질문에 완벽한 답을 줄 사람은 없으며 누구도 당신에게 성공적인 예배 사역을 위한 은총을 줄 수 없다. 그저 스스로 매력적인 예배 인도자가 되겠다고 결단해야 한다. 아마 그 길은 쉽지 않고 편하지 않으며 때로는 더디고 때로는 주변의 친한 사람들과 심지어 목회자에게 오해받고 원수에게서 오는 일종의 저항을 경험할지도 모르지만, 매력적인 예배를 위한 당신의 헌신은 분명히 헛되지 않을 것이다.

주께서 말씀하신 그날에 우리는 하나님의 위대한 보좌 앞에 서서 거룩하신 어린양과 영화로우신 하나님과 그리스도께서 행하신 구속의 역사를 노래할 것이다. 우리의 목소리는 천국의 웅장한 소리와 하나 되고, 우리의 영광스러운 육신은 주님의 영광을 반사하며, 거룩한 변화의 완성을 누릴 것이다. 그날에, 우리는 본향 집^{HOME}에 있을 것이다. 나는 당신이 날이 갈수록 더욱 충만하며 더 많이 사랑하고 더 잘 인도하기를 기도한다.

어린양 송가

1 주님이신 우리 하느님,

당신은 영광과 영예와 권능을 누리실 만한 분이십니다.

2 당신께서 모든 것을 창조하셨고,

만물이 당의 뜻으로 생겨났고 또 존재합니다.

3 당신은 죽임을 당하셨으며,

당신의 피로 우리의 죗값을 치러

4 모든 민족과 언어와 백성과 나라로부터

사람들을 구해 내셔서 하느님께 바치셨습니다.

5 당신은 그들로 하여금 우리 하느님을 위하여

한 왕국을 이루게 하셨고 사제들이 되게 하셨으니

그들이 땅위에서 왕 노릇할 것입니다.

6. 그러므로 옥좌에 앉으신 분과, 우리의 어린양 되신 그리스도께서,

찬양과 영예와 영광과 권능을 영원무궁토록 받으소서.

(성공회 기도문 아침 기도)

2 부

더 좋은 작곡을 위한
7가지 전략

SEVEN PROVEN STRATEGIES
TO WRITE BETTER SONGS

박동원 옮김

서론 : 더 좋은 곡을 쓰는 방법
INTRODUCTION

"우리는 창조적인 기술로 전보다 더 좋은 곡을 쓸 수 있다."

영웅적인 주인공이 도전적인 모험을 떠나는 내용의 유명한 책이나 영화가 많다. 예를 들면 디즈니의 애니메이션 영화 "니모를 찾아서"의 귀엽고 작은 물고기 '니모' 이든 SF 영화 "매트릭스"의 불가사의한 인물 '네오' 이든, 영화 초반에는 주인공의 평범한 일상을 보여준 후 안정적인 현실을 흔드는 갑작스러운 사건 때문에 전혀 원하지 않던 험난한 모험을 시작한다. 니모는 아버지의 안전한 품을 떠나 길을 잃고 건망증 물고기 도리와 채식만 하려는 상어들, 해파리 떼와 호주 해류를 타고 고향을 돌아가는 캘리포니아 거북 떼를 만난다. 또 평범한 네오는 빨간 알약을 먹고 매트릭스라는 컴퓨터 시스템의 지배를 받는 혼란한 세계로 떨어지는데, 그곳에는 항상 네오를 노리는 위험한 존재가 있다. 니모와 네오의 도전은 우리에게 한 가지를 증명한다. 큰 어려움에서 승리를 거두는데 필요한 모든 능력이 이미 주인공에게 있다는 사실이다. 여러분의 작곡 모험이 얼마나 험난한지와 상관없이 여러분은 영웅이다. 로마서 11:29의 말씀대로 하나님의 은사와 부르심에 후회가 없다. 좋은 곡을 써서 하나님께서 당신에게 주신 은혜를 사람들과 나누고 싶은 강한 열망이 있다면 아무것도 여러분을 막을 수 없다. 부르심 받은 사람은 전 재산을 팔아 외국으로 나가는 것이든, 집에서 훌륭한 곡을 쓰든 간에 하나님께서 부르신 일에 어떤 방해에도 굴복하지 않는다. 여러분이 주님께서 주신 부르심을 향해 한 걸음을 내디딜 때, 주님은 여러분이 상상하지 못한 엄청난 자원들을 강력하게 공급하실 것을 믿어라.

이제 용기를 내서 이전보다 더 좋은 곡을 써보자!

1장 부르심, 그 이후
GOD'S CALLING

"대답하여 이르되 네 마음을 다하며 목숨을 다하며 힘을 다하며 뜻을 다하여 주 너의 하나님을 사랑하고 또한 네 이웃을 네 자신 같이 사랑하라 하였나이다." (눅 10:27, 개정)

당신이 작곡가가 되고 싶은 뜨거운 소원과 주님의 부르심을 확인했다면 이제 신실하게 작곡가의 부르심을 감당하는 법을 배우면서 "온 마음과 목숨과 힘과 뜻(눅 10:27)"을 다해 살아야 한다. 바울이 젊은 디모데에게 말한 "너 스스로 (하나님 말씀의 일꾼으로) 인정받도록 힘쓰라^{STUDY}(딤후 2:15)"라는 따끔한 충고는 기독교인 작곡가를 꿈꾸는 모든 사람에게 적용된다. 우리가 분명히 이해해야 하는 것은 작곡가의 부르심을 받았다고 해서 이미 성공한 작곡가가 되었다는 것은 아니라는 사실이다. 이런 관점은 지극히 미성숙하고 교만한 것이다. 부르심은 평생 하나님의 뜻대로 사는 삶의 시작이지 완성이 아니다. 작곡가의 부르심에 응답할 준비가 되었는가? 당신이 하나님의 부르심에 응답하면 하나님께서 직접 도우신다(요 15:26). 이제 작곡의 부르심을 살아내기 위한 몇 가지 사항을 점검하자.

1. 첫 번째, 작곡가의 부르심과 강렬한 소원이 있는가? 서문으로 이것을 설명했다. 하나님은 우리의 마음에 소원을 주시고 그 소원을 통해 역사하신다. 부르심은 모든 것의 시작이다.

> 너희 안에서 행하시는 이는 하나님이시니 자기의 기쁘신 뜻을 위하여 너희에게 소원을 두고 행하게 하시나니 (빌 2:13, 개정)

2. 두 번째, 당신의 인생 속 '노래 경험'이 있는가? : 어렸을 때 들었던 첫 노래를 기억하는가? 우리는 대부분 어머니의 자장가로 노래라는 것을 처음 인식하고 이후 다양한 매체로 노래를 접한다. 처음 노래를 들었을 때 느낌을 기억하는가? 한번 잘 떠올려 보면 어렴풋하지만 무언가 아련한 기억이 나는데 연인에게는 풋풋한 사랑을 불러일으키는 '사랑 노래'가 있듯이 노래는 특정한 느낌을 영원히 당신의 일부로 만드는 힘이 있다. 하나님께서 당신의 마음을 처음 만지실 때 불렀던 노래를 기억하는가? 회심의 순간에 부른 노래는 자신을 위한 삶에서 하나님을 향한 삶으로 돌이킨 중요한 순간을 기억하게 한다. 노래를 경험하는 것은 작곡의 부르심만큼 중요하다. 왜냐하면 작곡가가 노래로 하나님의 은혜를 경험하지 못하면서 다른 사람을 가사와 선율로 감동하게 할 수 없기 때문이다.

3. 세 번째, 언어의 재능이 있는가? 사람은 단어와 문장으로 이루어진 말과 글로 생각을 표현할 수 있지만 애완동물은 자기의 감정을 글로 표현하지 못한다. 물론 강아지나 고양이도 짖거나 낑낑대

며 표현을 하지만, 원하는 것을 사람처럼 글로 표현하지 못한다. 사람은 느끼고 생각한 것을 다른 사람에게 표현하는 재능이 있다. 하지만 누구나 다 탁월하게 생각하고 말하며 글을 쓰는 것은 아니므로 개인차가 존재하고, 때에 필요에 따라 다른 사람과 원활한 의사소통하기 위해 표현하는 방법을 연습하고 발전시킬 수 있다.

4. 네 번째, 학습 능력을 사용하라. 동물은 말을 못 하지만 반복 훈련으로 약간의 의사를 전달할 수 있다. 그러나 인간은 동물과 비교할 수 없는 학습 능력으로 평생 배우고 성장하며 성숙한다. 나는 세상에서 가장 비참한 사람이 배움을 멈춘 사람들이라고 생각한다. 배우기를 멈춘 사람처럼 쉽게 포기하지 말고 지금이라도 매사에 배우는 사람이 되자. "훌륭한 작가는 훌륭한 독자"라는 것을 잊지 말라. 읽는 것에서 한발 더 나아가 배우는 것이 중요하다. 우리는 어린 시절 내내 들었던 어머니의 잔소리가 지나고 보니 굉장히 실제적인 삶의 지혜였으며 자신도 모르게 그 잔소리가 삶의 일부가 된 것을 느낄 때가 있다. 배움은 연구와 체험과 시간으로 이루어진다.

바른 개념은 배움에 앞서 매우 중요한 부분이다. 내가 말하는 바른 개념이란 문학으로 치면 글을 쓰는 기본적인 방법이나 음악에서는 기초 화성악을 의미한다. 예를 들어, 배우지 않고도 가사 형식을 쓰는 것과 좋은 가사를 어떻게 구성하는지 배워서 바른 개념을 알고 쓰는 것은 큰 차이가 있다. 어떤 사람은 음악을 전혀 배우지 않아도 음악을 만들지만, 기본적인 개념을 배우면 음악을 훨씬 더 아름답고 효과적으로 표현하는 능력이 생긴다. 우리가 숨 쉬는 한 배움의 문은 항상 열려 있다. 이제 훌륭한 기독교인 작곡가가 되는 법을 배워 보면 어떨까? 갑자기 빌 머레이가 주연한 "사랑의 블랙홀"이란 영화가 생각난다! 주인공이 배운 가장 큰 교훈은 매일 무엇인가를 배우면서 좋은 사람이 되어야 한다는 것이었다. 우리도 마찬가지다.

5. 다섯 번째, 훌륭한 기독교인 작곡가가 되도록 돕는 좋은 교육 자료를 찾아라. 우리는 전례 없이 풍성한 교육 자료에 둘러싸인 시대에 산다. 만일 어른 세대가 그들이 살던 시대에서 갑자기 지금으로 순간 이동한다면 우리 손에 들려 있는 스마트 폰에 나오는 광활한 지식을 보며 경악하지 않을까? 마치 우리가 컬러 TV나 다이얼 방식 이후에 나온 숫자 버튼식 전화를 당연하게 여겼듯이 우리 자녀들과 손자들은 스마트폰을 자연스럽게 여긴다. 우리 손가락 끝에 맞닿은 지식의 힘은 이전과 비교 할 수 없다.

현시대는 굉장히 멋지면서 동시에 끔찍할 만큼 비극적이다. 스마트폰이 근처에 음식점이 몇 개가 있고 어느 길로 운전하는 것이 가장 빠른지 알려주고, 보고 싶은 영화를 어느 극장에서 언제 하는지 어떤 배우가 나오는지 단번에 검색해서 바로 예매하는 일은 매우 편하고 대단한 일이지만, 한편으로는 모든 것을 스마트폰에 의지하는 것은 우리가 점차 무엇인가를 배울 때 그만한 대가를 치르면서 노력하고 수고해서 얻는 기쁨을 잃어 간다는 이야기이기도 하다. 분명한 것은 당신의 스마트폰이 얼마나 똑똑하든지[SMART] 간에 당신을 위해 훌륭한 곡을 대신 써 주진 않는다는 사실이다. 우리는 쉽게 접하는 정보를 앞으로 배울 새로운 원리에 지혜롭게 적용해야 한다.

"분명한 것은 당신의 스마트폰이 얼마나 똑똑하든지 간에 당신을 위해 훌륭한 곡을 써 주진 않는다는 사실이다."

사도 베드로는 베드로후서 1:5에서 "이러므로 너희가 더욱 힘써 너희 믿음에 덕을, 덕에 지식을" 더 하라고 말했다. 이제 나눌 작곡의 일곱 가지 방법에 '믿음'을 더하면 훌륭한 기독교인 작곡가가 되는 첫 단계를 시작할 수 있다. 그러나, 여러분이 일곱 가지 방법을 소화하기 전에 먼저 훌륭한 작곡가처럼 생각하는 방법을 익혀야 한다. 과연 훌륭한 작곡가들은 어떤 특징이 있을까? 이제 나는 훌륭한 작곡가들의 다섯 가지 특징을 나누려고 한다. 작곡이 힘들고 어려운 일이 아니라 재미있고 행복한 것이라면 얼마나 좋을까? 우리가 이 다섯 가지 특징을 적용하면 우리의 부르심과 기술이 하나 되고 작곡이 쉬워지며 더 나아가 실패와 경쟁의 두려움을 이기게 될 것이다.

1) 훌륭한 작곡가들은 훌륭한 곡을 분석하고 공부한다.

- 모든 훌륭한 작곡가는 다른 훌륭한 작곡가의 삶과 그들의 곡들 공부한다. 어떤 작곡가든 아무것도 없는 상태에서 곡을 쓰지는 못하며 적절한 동기 부여가 있어야 작곡할 수 있다. 우리는 이전 세대를 살았던 기독교인 작곡가들의 풍부한 유산을 누리고 있다. 누가 안드레아 크라우치[1] 같은 인물이 이룬 음악적 업적을 무시하겠는가? 또 빌과 글로리아 게이더나 크리스 탐린[2]은 어떤가? 패니 크로

---

1. 안드레아 크라우치 : 우리에겐 "어찌 하여야(My Tribute)"란 곡의 작곡가 및 가수로 블랙 가스펠을 현대화한 선구자였으며 2015년 작고하였다.
2.크리스 탐린 : 1995년 첫 음반을 발표한 후 모던 락을 예배에 접목시켜 청년들을 위한 예배

스비[3], 존 뉴튼[4], 필립 블리스[5] 같은 위대한 찬송가 작곡가들은 또 어떤가? 이렇게 놀라운 인물의 삶과 노래들이 있었기 때문에 지금 우리는 좋은 기독교 음악과 찬양을 누리고 있다. 훌륭한 찬송가 작가들도 최소한 어느 정도는 다른 작곡가의 음악을 듣고 동기를 부여받으며 배웠다. 단지 곡을 들으며 영향받는 정도로 멈추지 말고 훌륭한 것을 듣고 연구하면서 그 훌륭함을 배워야 한다. 훌륭한 작곡가가 되고 싶다면 다른 훌륭한 작곡가의 노래를 공부하라. 당신이 훌륭한 작곡가의 음악을 연구하면서 배울 수 있도록 열린 마음을 가지고 훌륭한 곡이 당신의 멘토가 되도록 허락하라.

- 훌륭한 곡은 시간 검증을 이겼다. 하나의 곡이 훌륭한 곡으로 인정받을 때는 분명한 이유가 있으며 아무 노래나 오랫동안 기억되는 훌륭한 노래가 되는 것은 아니다. 우리가 슬프지만 인정할 사실은 이미 이 세상에 안 좋은 곡이 너무 많다는 것이다. 왜 안 좋은 곡을 또 하나 더 만들어야 하는가? "나 같은 죄인 살리신", "오 신실하신 주" 비교적 최근 곡인 "예수 안에 소망 있네"[IN CHRIST ALONE] 같은 찬송가는 그 안에 특별한 작곡 원리로 이루어진 영적인 지속성이 있어 오랜 시간 사랑받고 있다. 우리가 지금 부르는 찬송가가 앞으로도 수십 년간 불릴 이유는 1) 누구든 공감할 보편적인 감정이 담겨

사역을 꾸준히 하는 예배 인도자로 주로 패션(Passion) 집회로 활동했다.
3. 파니 크로스비 : "예수를 나의 구주 삼고" 등 수천 곡의 찬송시를 지음.
4. 존 뉴튼 : 노예 상인이었던 자신의 회심을 담은 찬송시인 "나 같은 죄인 살리신"의 가사를 썼다.
5. 필립 블리스 : "내 평생에 가는 길" 등 수많은 찬송가를 지은 미국 근대 부흥 시대의 음악 사역자.

있으며 2) 아름답고 탁월한 언어로 그 감정을 표현하고 3) 누구라도 쉽게 노래하도록 쉬운 선율이기 때문이다. 이런 요소를 당신의 노래에 적용해 보자.

- **실제적인 음악 지식 없는 작곡은 헛되다.** 훌륭한 곡을 쓰기 위한 당신의 부르심에 실제적인 작곡 지식을 더해라. 아주 의욕적인 작곡가들이 저지르는 큰 실수는 자기가 쓰려는 곡을 현실화할 실제적인 음악 지식이 전혀 없이 "그저 떠오르는 느낌대로 혹은 하나님께서 주시는 그대로" 쓰고 싶어 한다는 것이다. 변호사가 되려면 법을 배운다. 치과의사가 되려면 의학을 배운다. 미식축구 선수는 미식축구를 배운다. 그런데 왜 기독교 작곡가들은 "그냥 느낌대로 쓰면" 좋은 곡이 나오리라 생각하는가? 모네^{MONET}, 르누와르^{RENOIR}, 렘브란트^{REMBRANDT} 같은 고전 시대 화가들은 걸작을 남기기 전에 먼저 그림 그리는 기술을 배우고 수많은 습작을 남겼다. 무지와 교만에서 좋은 작곡 원리를 배우지 않고 좋은 곡을 쓸 수 있다는 생각이 나온다.

- **곡을 훌륭하게 만드는 방법을 공부하라.** 한 곡이 어떤 구성으로 만들어졌는지 이해하면 훌륭한 곡 만들기에 한 발자국 더 가까이 다가간다. 훌륭한 곡을 듣고, 분석하고, 모방하는 것(후에 모방을 더 다룰 것이다)은 절대 시간 낭비나 헛된 일이 아니다. 각종 운동 경기 팀은 이긴 경기의 영상을 반복 시청하면서 이긴 팀과 진 팀의 특징과 습관과 전략을 공부한다. 영화감독들은 고전 영화가 어떻게 명작이 되었는지 "알 때까지" 영화를 반복 시청하며 공부한다. 배우와

무용수도 마찬가지다. 훌륭한 작가들은 많은 작품을 듣고 읽으면서 그 안에 담긴 중요한 요소를 발견하고 이해한다.

2) 훌륭한 작곡가는 좋은 것을 읽는다.

- 잘 읽는 사람이 잘 쓴다. 이것은 절대 과장이 아니다. 좋은 작가는 먼저 좋은 독자다. 땅콩버터를 곁들인 젤리처럼, 버터를 바른 빵처럼, 커피에 부드러운 크림을 넣는 것처럼 훌륭한 작가가 되려면 먼저 훌륭한 독자가 되어야 한다. 나는 좋은 작가가 되려면 먼저 단어 하나하나를 공부하는 학생이 되어야 한다고 줄곧 강조한다. 다음 단락에서 더 다루겠지만 좋은 생각을 문장으로 만들려면 좋은 단어가 서로 어울리는 방식을 공부하고 연습해야 한다. 노래 가사는 축약된 짧은 문장이지만 효력은 한 문단과 비슷하다. 좋은 작사가들은 설교 전체를 한 문장으로 축약할 수 있다.

좋은 곡은 문장을 쓸데없이 길고 사치스러운 단어로 꾸미지 않고 함축적이면서 명확한 단어를 사용한다. 어려운 신학 개념을 한 문장에 압축하는 작곡, 작사 기술은 쉬운 것이 아니지만 매우 중요한 기술이다. 존 뉴튼이 쓴 "나 같은 죄인 살리신 그 은혜 놀라워"란 찬양의 가사를 생각해 보라! 이 한 줄에 신앙적 순수함과 탁월한 전달 효과, 복음의 신학적 정의와 벅찬 구원의 감동을 동시에 담아냈다는 점에서 이 찬양은 시대가 지나도 잊히지 않고 은혜의 찬양으로 기억될만한 충분한 이유가 있다. 우리가 작곡가 이전에 훌륭한 독자가 되면 작곡할 때마다 꺼내 쓸 총알이 가득 찬 무기고를 얻는 것과 같다. 나는 브레넌 매닝[BRENNAN MANNING] 같은 작가들이 쓴 고전 신앙

서적과 릴케RAINER MARIA RILKE 같은 시인들의 시를 좋아한다. 문학적 표현의 다양성을 위해 고전 소설을 읽는 것이 작곡과 작사에 큰 도움이 된다. 여러분이 무엇을 읽든 중요한 점은 조금이라도 작곡에 적용할 것이 있다면 배우겠다는 마음을 갖는 것이다. 조금만 눈을 열면 문학 작품의 관점, 언어, 구성 요소를 노래에 적용할 수 있다.

- **훌륭한 작가는 언어를 이해한다.** 작곡의 핵심은 단어를 적절히 사용하는 것이다. 좋은 음악도 중요하지만 아름다운 선율이 가사를 효과적으로 전달하기 때문에 노래의 내용은 더 중요하다. 찬양에서는 아무리 선율이 아름다워도 가사가 안 좋으면 음악의 힘이 약해진다. 한번 생각해 보자. 서로 바라보며 선율을 흥얼거린다고 그 내용을 정확하게 이해할 수 있을까? 아마도 민감한 사람은 어떤 느낌을 눈치채지만 선율만으로 정확한 내용을 파악하기는 어렵기 때문에 무엇보다 가사가 중요하다. 어떤 작곡가가 특별한 생각을 포착하면, 그 내용을 가사로 담아 전달한다. 훌륭한 작곡가는 음악의 내용에 따라 다양한 음악 형태로 내용을 전달한다. 모든 작곡가가 모든 장르를 완벽하게 숙달하지는 못하지만, 실력 있는 작곡가들은 찬송가, 모던 워십, 심지어 컨트리 스타일의 복음송도 작곡한다.

- **훌륭한 작가는 시와 산문과 가사의 차이점을 이해한다.** 좋은 시가 무조건 좋은 노래 가사가 되는 것은 아니다. 훌륭한 작곡가들은 이 사실을 알고 시와 가사를 혼용하지 않는다. 내 말에 동의하지 않는 사람도 있겠지만 아무리 좋은 성경 구절이라도 선율만 맞추

면 무조건 좋은 가사가 되는 것은 아니다. 마찬가지로 훌륭한 일반적인 문장도 좋은 가사를 쓰도록 영감을 주지만 늘 훌륭한 가사가 되는 것은 아니다. 오스왈드 챔버스의 묵상집인 '주님은 나의 최고봉' 같은 고전 작품을 참고한 음반도 있지만 시와 산문과 성경 구절과 좋은 가사 사이에는 엄청난 간격이 있다. 훌륭한 작곡가는 시와 산문과 가사의 차이점을 이해하고 적절하게 적용한다.

- 훌륭한 작가들은 책, 뉴스 기사, 심지어는 다른 노래에서도 무엇인가를 얻는다. 책, 뉴스 기사, 심지어 다른 노래의 독특한 구절에서 가사의 반복구나 전체 가사의 단서를 포착하는 것은 좋은 창의적 방법이다. 창의성은 친숙한 것을 새로운 모양으로 어우르는 능력이다. 훌륭한 작곡가는 늘 독창적인 문구를 수집한다. 호주 힐송 교회의 조엘 휴스턴이 지은 "내 안의 중심이 주를 찬양(From the Inside Out)"이란 곡은 친숙한 문구를 두 가지 의미가 있는 새로운 문구로 변화시킨 또 다른 예다. 또 컨트리 가수 조지 존스의 1980년도 히트 곡 "Stopped Loving Her Today"또한 역사상 가장 탁월한 컨트리 곡으로 여겨진다.

"창의성은 친숙한 것을 새로운 모양으로 어우르는 능력이다."

- 훌륭한 작곡가는 항상 독창적인 구절을 찾는다. 모든 예술이 무엇인가에서 파생되었다. 뛰어난 작곡가들은 '인상적인 구절[HOOK]' 이나 가사 전체를 만드는 단어와 문장을 다른 곳에서 차용하는 자기

만의 기술이 있다. 많은 작곡가에게 제목이나 인상구^{HOOK}는 가장 중
요한 출발점이다. 어떤 작곡가는 먼저 음악적인 인상구, 즉 귀에 쏙
들어오는 선율을 떠올리고 기억하기 좋은 가사 구절을 덧붙여 작
업한다. 나는 최근에 영국의 유명 팝 가수 샘 스미스가 자신의 노래
"내 곁에 머물러 주세요^{STAY WITH ME}"를 만든 이야기가 나오는 방송을 보
았다. 공동 작곡가 윌리엄 필립스가 3가지 기본 코드로 피아노를 연
주하자 샘 스미스가 영감을 받아 즉석에서 작곡했고 곧바로 제임스
네이피어가 드럼을 녹음했다고 한다. 우리도 언제든지 샘 스미스
처럼 인상구를 발견하고 작곡할 수 있으니 인상적인 구절을 기록하
는 습관을 지녀라. 이전에는 떠오르는 생각을 메모지나 수첩에 적
어야 했지만 지금은 노트북이나 스마트폰 메모 앱에 기록해서 당신
이 곡을 만들 때 언제든지 바로 작업할 수 있는 좋은 시대다.

나는 갑자기 인상구 한 구절이 떠올라 곡 전체를 완성한 경험이
자주 있다. 짧고 훌륭한 인상구는 좋은 곡의 시작이며 곡을 오랫동
안 기억하게 한다. 요즘은 음반사들이 홍보하는 "히트곡"이 정말
많다. 이런 부류의 반짝 히트곡들은 한 가수의 경력을 만들고 사람
들의 기억에서 사라지지만, 정말 훌륭한 곡들은 오랫동안 기억에 남
아 좋은 영향력을 끼친다. 전 지구적 히트곡인 작곡자 미상의 "생일
축하합니다^{HAPPY BIRTHDAY}", 멜 토메^{MEL TORME}의 1945년작 "크리스마스 노래
^{THE CHRISTMAS SONG}"를 생각해 보라. 이제 이 노래들은 명곡이 되었다.

> *"짧고 훌륭한 인상구는 좋은 곡의 시작이며,*
> *그 곡을 아주 오래 기억하고 부르게 한다."*

3) 훌륭한 작곡가들은 존경 어린 모방의 예술을 배운다

- **이미 있는 바퀴를 재발명하지 말라.** 당신이 애호하는 작곡가들의 곡을 모방하라. 18세기 프랑스의 계몽사상가 겸 작가인 볼테르VOLTAIRE는 "창의성이란 현명한 모방에 지나지 않는다. 원작자들 대부분이 다른 작가의 것을 모방한다"라고 했다. 작곡가가 흥행을 목적으로 한 상업적인 곡을 만들 때는 일단 모방에서 출발한다. 내가 소제목에서 말한 '존경 어린 모방'이란 주로 다른 작곡가의 전형적인 형식을 따라 가사와 선율을 의도적으로 구성하는 것이다. 한번 생각해 보라. 아기가 온전한 성인이 되는 과정에서 얼마나 많은 사람을 따라 흉내 내는가? 어머니, 아버지, 형제자매, 수를 셀 수 없이 많다. 작곡도 마찬가지다. 우리는 배우기 위해 다른 사람의 좋은 곡을 공부하고 모방하면서 자기만의 형식과 스타일을 발견한다. 훌륭한 작가, 예술가, 무용수, 회계사조차 글을 쓰거나 위대한 작품을 만드는 데 사용한 원리를 습득하면서 전문가의 삶을 시작한다. 헬렌 켈러HELEN KELLER처럼 보이지도, 들리지도 않는 극한 상황에서 성취를 이루어 내는 사람들이 있다. 이제 주저 말고 당신에게 감동을 주는 작곡가들과 노래를 찾아서 모방을 통해 훌륭한 곡을 만들어라.

- **모방은 표절, 불법 복제, 도둑질과 다르다.** 표절과 복제는 남의 수고를 빼앗는 처벌 받을 범죄다. 나는 다른 설교자의 개인적이고 독특한 설교를 마치 자기 것인 양 그대로 설교하는 사람들을 안다. 얼마나 말도 안 되는 끔찍한 일인가? 표절 문제는 비윤리적인 것을 떠나서 설교자의 신뢰를 무너뜨리기 때문에 그런 설교를 들은 귀를

씻고 싶은 심정이다. 이것은 음악도 마찬가지 아닐까? 하지만 내가 말하는 모방은 다른 사람의 것을 훔치는 표절과 다르다. 정직한 모방은 다른 작곡자가 사용한 독특한 작곡 기술(그들도 정직한 모방을 통해 배운)을 배우는 선하고 존경심 가득한 것이다.

모방은 작곡법을 배우는 중요한 방법이다. 일상의 모든 것 즉, 어떤 바지를 입어야 하는지와 미소 짓고 웃거나 포크를 잡는 방법까지 전부 모방의 결과다. 심리학자들이 미러링^{MIRRORING}이라고 부르는 모방은 태어나면서부터 시작한다. 우리는 모든 분야에서 부모, 형제, 중요한 관계인 누군가에게서 본 것을 그대로 자신에게 반영하며 배운다. 작곡가들도 다른 사람의 좋은 곡을 연구하고 따라 하면서, 작곡법을 배운다. 작곡을 배우는 동안 다른 누군가의 작품을 참고하여 비슷하게 작곡하는 것은 법적인 문제가 아니다. 미국에서는 부동산업자들이 소비자의 시선을 끌려고 잔디 마당 입구에 비슷한 스타일의 매매 간판을 달아 놓는다. 음식은 어떨까? 햄버거 모양도 다 비슷하다. 자동차도 외형은 비슷하지만, 확실한 차이는 차의 내부에 있다. 우리는 모방을 통해 전문가처럼 작곡하는 법을 배우며 자신의 독특한 예술과 개성을 발견하며 작곡 기교에 적용한다.

만일 당신이 어느 순간 갑자기 "독창적"이 되기를 바란다면 훌륭한 곡은 고사하고 한 곡도 쓰지 못할 것이다. 장담하건대, 한 작곡가가 쓴 모든 훌륭한 노래는 좋지 않은 곡을 수십 번에서 많게는 수백 번 쓴 결과다. 아무리 이 세상에 놀라운 재능이 있고 숙달된 실력을 갖춘 사람이라고 해도 아무렇게나 써도 항상 좋은 곡을 쓰는 작곡가는 없다. 먼저 가장 마음에 드는 노래 한 곡을 정해서 분석하고 소화하고 모방해 보라. 이 책에서 내가 말했듯이 운치 있게 앉아서 펜을 들고 당신의 마음에 떠오르는 가사와 음표를 쓰면서 좋은 단어와 음표의 느낌을 배운다. 작곡 작사 기술은 이렇게 발전한다. 모방을 위한 좋은 곡을 소개한다.

- 함께 연합하여(Bonded Together) / 트와일라 패리스(Twila Paris) 곡
- 그대가 날 사랑하게 할 수 없네(I Can't Make You Love Me) / 마이크 레이드(Mike Reid), 앨런 샴블린(Allen Shamblin) 곡, 바니 레이트(Bonnie Raitt) 노래
- 송축해 내 영혼(10,000 Reasons) - 매트 레드먼(Matt Redman), 조너스 마이린(Jonas Myrin) 곡

나는 여러분이 모방 연습을 할 때 크리스 탐린의 "위대하신 주"나 매트 레드먼의 "송축해 내 영혼"처럼 모두가 인정할 만큼 오래 불릴 훌륭한 곡을 골라서 연습하기 바란다. 혹시 당신이 최신 찬양에 익숙하지 않다면, "나 같은 죄인 살리신"이나 "주 하나님 지으신 모든 세계" 같은 고전 찬송가로 연습하라. 모방은 반드시 좋은 곡을 참고해야 한다. 몇 개월 지나면 아무도 신경 쓰지 않는 "반짝 히트곡"보다 오랫동안 사랑받는 곡을 선택하라. 이 책에서의 작곡은 기독교 노래에 초점이 맞춰져 있지만 앞에서 예를 든 "그대가 날 사랑하게 할 수 없네" 같은 일반 노래에도 모방의 원리가 적용된다. 만일 일반 시장의 곡을 작업하려면 자유롭게 선곡해도 좋다.

- 예술가처럼 훔쳐라. 잠깐, 앞에서 표절과 복제는 불법이라고
했는데 예술가처럼 훔치라고? 조금 진정하고 내용을 계속 보자. 오
스틴 클레온^{AUSTIN KLEON}의 짧은 책 "예술가처럼 훔쳐라(steal like an artist /
미국 뉴욕 Workman 출판사, 2012)"에서 저자는 모든 예술이 다른 예술에
서 파생했으며 다른 예술작품을 통해 이미 있던 생각과 단어, 그림
과 좋은 예술을 이루는 모든 창조적인 조합을 배운다고 설명한다.
이 주제와 관련해서 내가 좋아하는 두 개의 인용문은 피카소의 *"예
술은 도둑질이다"*와 엘리엇의 *"좋은 시인은 전체 느낌에 자신이 훔쳐
온 것을 그 근원과 완전히 다르게 독창적이면서 잘 융합한다"*라는 말
이다. 내가 말하는 훔치라는 이야기는 정말 표절하라는 이야기가
절대 아니다. 다른 사람의 좋은 곡을 연구하라는 의미다.

  아무런 참고 사항 없이 완전한 독창성을 이루려는 노력은 헛수
고다. 우리가 할 일은 좋은 악상을 찾아내서 기억하기 쉽게 인상적
인 소절로 만들고 멋진 가사를 그 인상적인 악상에 붙여서 듣고 싶
고 기억하기 쉬운 음악을 만드는 것이다. 문제는 지혜로운 솔로몬
의 *"해 아래에는 새것이 없다(전도서 1:9)"*는 말처럼 우리 노래가 다
른 사람의 것과 비슷하거나, 그렇고 그런 흥미 없는 가사나 인상구
에 가깝다는 사실이다. 어떻게 해야 할까? 답은 창의성에 있다. 완
벽한 독창성은 불가능하다는 사실을 인정하면 예전 것과 새로운 것
에서 받은 영향을 조합할 때 느끼는 쓸데없는 죄책감에서 자유케 된
다. 한번 생각해 보자. 미국에서는 많은 곡이 "마음과 영혼(HEART AND
SOUL 1938년경의 작품)"이란 곡과 같은 코드 진행을 활용한다. 미국에
서는 아이들이 어렸을 때 꼬마 여동생이나 친한 친구가 고음 부분의

단선율 선율을 연주하는 동안, 건반의 저음 부분에서 왼손으로 근음을 연주하고, 오른손으로는 네 개의 아주 비슷한 코드를 반복한 경험이 있다. 이 곡의 코드는 올림표(SHARP, #)나 내림표(FLAT, b)에 방해받지 않는 C key의 1, 6, 4, 5도 화성인 C - Am - F - G 로 이루어진다. 당신이 괜찮다면 지금 잠깐 "마음과 영혼"의 코드 진행 C - Am - F - G에 크리스 탐린의 곡 "위대하신 주"를 불러 보라. 아마 금세 두 곡이 같은 코드 진행인 것을 알 수 있을 것이다. 사실 크리스 탐린의 곡만 아니라 매우 많은 곡이 "마음과 영혼"과 완전히 같은 코드 진행인 것을 보면 정말 신기하다. 이 코드 진행은 '일반적 박자'라고 불리어지는 4분의 4박자만큼이나 일반적 코드이다. 이 코드 진행에 흥미로운 블로그와 동영상이 있다. "가장 일반적인 코드 진행THE MOST COMMON PROGRESSION"이란 웹페이지이며 아래 QR 코드로 확인해 보라.

흔한 코드 진행은 한편으로 사람들에게 거부감이 없다는 의미이기도 하다. 중요한 것은 흔한 코드 진행으로 무엇을 만드는가이다. 다른 사람의 좋은 곡과 완전히 같은 코드 진행에 같은 선율로 곡을 쓰는 것은 위험하지만 같은 코드 진행에 멋진 악상을 얹어 새로운 음악을 만들 수 있다면 충분히 도전할 가치가 있다. 역사 속의 수많은 작곡가가 모방이라는 방법으로 명곡을 만들었으며, 지금도 누군가는 흔한 코드 진행으로 아무도 생각하지 못한 기발하고 새로운 조합을 발견하기 때문이다. 나는 당신이 그 누군가가 되기를 바란다.

4) 훌륭한 작곡가는 아름다운 것에 집중하면서 다양한 방법으로 풍성한 영감을 얻는다. 당신의 제한적인 생각을 넓게 열어라. 가장 성공적인 곡은 언뜻 듣기에 쉬운 문체지만, 일상에서 사용하는 대화보다 훨씬 더 고급스러운 단어들인 경우가 많다. 이 말은 곧 대중이 처음 들을 때 즉시 와닿고 기억하기 쉬운 노래를 좋아하는 것은 사실이지만 거기에서 머무르지 않고 고급스러운 노래를 추구한다는 의미다. 작곡가들은 더 좋은 가사를 개발해서 더 좋은 곡을 만들기 위해 모든 것에서 영감을 얻을 수 있어야 한다. 자세한 방법은 후에 작곡 훈련 부분에서 더 자세하게 언급하도록 하고 지금은 훌륭한 작곡은 훌륭한 생각이 필요하며 훌륭한 생각은 삶의 모든 것, 특별히 아름다움을 느끼는 능력에서 나온다는 점을 간략히 나눈다.

> *"훌륭한 작곡은 훌륭한 생각이 필요하며, 훌륭한 생각은 삶의 모든 것,*
> *특별히 아름다움을 느끼는 능력을 길러야 한다."*

내가 말하는 아름다움은 꼭 자연의 예쁜 꽃과 추수를 기다리는 황금빛 들판과 지평선에 걸려 붉게 타들어 가는 노을만을 지칭하는 것은 아니다. 물론 자연의 아름다움은 정말 탁월하며 상상할 수 없이 풍부한 영감을 불러일으키지만, 내가 말하는 아름다움은 자연의 아름다움을 더 정밀하고 자세하게 전달하는 문학적 표현 기술을 의미한다. 예를 들어, "장미들은 붉다네REDES ARE RED"라는 고전 2행시와 제럴드 맨리 홉킨스GERALD MANLEY HOPKINS의 시 "하나님의 위엄GOD'S GRANDEUR, 1877"을 비교해 보자.

장미들은 붉다네

장미들은 붉다네, 제비꽃은 푸르다네.
설탕은 달콤하고, 그대도 그렇다네.

하나님의 위엄

세계는 하나님의 위엄으로 가득 차 있다네.
그 위엄은 흔들리는 금박처럼 빛나며 타오르리라.
그 위엄은 짜낸 기름처럼 거대하게 모여지네.
어찌하여 인간은 그의 권위에 마음을 두지 않는가?
많은 세대가 짓밟고, 짓밟고 또 짓밟았다네.
그렇기에 모든 만물이 인간의 장사로 시들어가고,
수고로움으로 더러워지며,
인간의 때가 묻어 인간의 냄새가 배어 버렸네.
토양은 지금 헐벗었는데, 인간의 발은
신발을 신어서 그것을 느낄 수 없네.

그러나 자연은 절대 소멸하지 않으리.
가장 고귀한 생동감이 자연 깊은 속에 살아 있다네.
비록 마지막 노을빛이 어두운 서쪽으로 사라져가도.
오! 아침이 갈색 동녘에서 솟아오름은
성령께서 따뜻한 품과 빛나는 날개로
이 세상을 굽어살피심이라.

얼마나 아름다운 시인가! 정말 격조 높은 언어로 이루어져 있다. 제럴드 맨리 홉킨즈는 높은 학식을 가진 학자로 정통 영국 영어(King's English)의 전문가다. 홉킨즈는 자기 시대에 인터넷이 없었다는 것만 빼고, 오늘날의 마야 안젤루(Maya Angelou: 1928~2014, 미국의 작가 겸 영화배우) 같은 존재다. 여러분에게 말하고 싶은 것은 일상용어와 탁월한 언어의 큰 차이다. 아주 적은 수의 작가들만이 고급스러운 언어의 중요성을 깨달을 뿐이며, 대다수의 작곡가는 자신의 소중한 곡을 닳고 닳은 진부한 가사를 붙여서 곡의 독특함, 좋은 특징, 특유의 힘을 제거한다. 중요한 것은 꼭 오래된 문체와 문법을 사용해야 한다는 것이 아니라 감정과 마음과 영혼을 흔드는 호소력 있는 자연스러운 가사를 위해 고차원적인 언어를 사용하라는 것이다.

우리가 고리타분한 작곡 원칙을 깨려면 먼저 더 좋은 원칙을 알아야 한다. 모든 것은 훌륭한 언어에서 시작한다. 나는 어떤 곡을 비평할 때 제일 먼저 가사의 인상구와 내용에 집중한다. 특히 기독교 노래는 가사가 중요하며 음악은 가사를 받쳐 주는 것이다. 만일 당신이 교회와 기독교 음반 시장을 위해 작곡한다면, 예수님을 노래하는 또 다른 곡에 머물지 않도록 가사 내용에 집중해야 한다. 안타깝게도 찬양이지만 예수님을 신학적, 문학적으로 잘못 표현하는 노래가 많다. 왜 우리는 엉터리 노래를 또 써야 하는가? 왜 오랫동안 사랑받을 훌륭한 곡을 쓰도록 하나님께서 주신 재능을 성실하게 사용하지 않는가? 훌륭한 작가들은 평범하고 진부한 언어와 고급스러운 언어의 차이를 이해하고 자신의 곡에 어떤 언어를 사용할 열심히 연구하고 적용한다.

- 좋은 작곡가는 넓은 수용력을 누린다. 좋은 작곡가들은 자신을 둘러싼 세상을 더 폭넓게 인식하고 수용한다. 내가 좋아하는 신앙 작가 중 한 명인 헨리 나우앤^{HENRI NOUWEN}은 "탕자의 귀향"이라는 책을 썼는데 렘브란트(REMBRANDT, 네덜란드의 화가, 1606~1669)의 유명한 그림에서 제목을 따왔다. 어디에서나 좋은 영감을 발견하는 것도 능력이다. 나는 작곡 지망생들에게 새로운 기술이나 정보를 잘 배우려 하지 않는 태도를 주의해야 한다고 가르친다. 당신이 한 종류의 음악만 듣는다면, 틀림없이 당신의 음악 표현은 한정적일 것이다. 당신이 한 종류의 책이나 공연만 보면 좁은 것만 보고 배우기 때문에 뜻하는 바를 효과적으로 표현하는 데 한계가 생긴다. 마치 매일 햄버거를 먹으면서 고급 요리도 먹고 싶어 하는 것과 같은데, 고급 요리를 먹으려면 햄버거를 그만 먹어야 한다.

기독교인들은 "세상 음악"의 나쁜 영향이 우리의 순수한 마음을 오염시킬까 봐 걱정하고 경계하며 이런 두려움과 경계심 때문에 음악을 가려듣게 되고 결국 우리가 표현하는 음악이 결과적으로 깊이가 얕고 편협하며 가사는 단조로워진다. 나는 세상 음악의 스타일을 이해하고 효과적인 것을 얻는 것이 영적으로 나쁜 영향을 받는 것과 명백히 다른 문제라고 생각한다. 사실 역사적으로 기독교 라디오 방송은 음악적이나 기술적으로 세상의 일반 라디오 방송보다 5년에서 10년 정도 뒤처져 있다. 만일 여러분이 기독교 라디오만 듣는다면 당신의 음악은 이미 뒤처진 것이다. 나는 우리가 기독교인이라는 이유로 완성도 떨어지는 노래만 들으면서 새로운 장르와 스타일과 기술을 배울 필요가 전혀 없다고 생각한다. 틀에서 나오라!

우리는 음원 사이트가 제공하는 모든 음악 장르의 최신 음원을 일목요연하게 정리한 순위와 뉴스를 쉽게 확인할 수 있는 좋은 시대에 살고 있다. 나는 종종 최신 음악 흐름에 뒤처졌다는 느낌이 들 때마다 음원 사이트에 접속해서 어떤 음악이 유행하는지 둘러본다. 음원사이트에 올라온 수많은 가수의 노래를 조금씩 미리 듣다 보면, 적지 않은 시간이 필요하지만, 이 과정을 통해 새로운 음악 재료를 발견하고 교회 문화에서 통용되는 음악이 얼마나 제한적이고 비슷한지 깨닫는다. 훌륭한 작곡가들은 주님께서 주신 사명에 헌신하며 순수성을 지키면서 최신 음악 경향도 따라잡아야 한다. 음원 사이트에 올라온 어떤 노래는 분명히 경계할 점이 있다. 하지만 일반 음악 시장의 수많은 창조적 동향을 알아보는 것 정도는 당신에게 해를 입히지 않는다. 어쩌면 하나님께서 세상 음악을 통해 당신을 도전하셔서 일반 음악의 수준을 뛰어넘어 더 열심히 작업하게 이끄실 수도 있다. 지금 세상 음악에서 한창인 추세는 적어도 5년 안에 기독교 음악에 도입되며 그 정도 시간이면 당신이 좋은 곡을 쓸 시간은 충분하다. 분명한 것은 음악은 음악에 영향을 준다는 점이다. 좋은 최신 음악은 당신의 작곡에 즉각적인 영향을 준다.

5) 좋은 작곡가는 연합을 통해 배우고 성장한다.
- 좋은 작곡가는 어딘가에 속하도록 지음 받은 것을 안다. 사람은 공동체에 속하도록 지음 받았다는 사실은 기독교의 기본적인 진리 중 한 부분이다. 하나님께서 아담이 혼자인 것(창 2)을 안 좋게 보시고 아담의 옆구리에서 "모태를 가진 사람"인 여자를 창조하셔서

아담과 함께 사랑하며 살게 하셨다. 우리는 본능적으로 어딘가에 속하기를 원하며 공동체 안에서 사랑하며 봉사할 때 가장 큰 성취감을 얻는다. 사실 작곡가는 세상에서 가장 고독한 직업 중 하나이기 때문에 혼자 일하기보다 다른 사람과 함께 작업하는 것이 좋다. 그래서 나는 여러분이 내가 대표인 내슈빌 기독 작곡가협회(NCS, Nashville Christian Songwriters) 같은 실제적인 작곡가 모임에 가입해서 작곡가로서의 외로움을 극복하고 좋은 작곡가가 되도록 도움을 받기를 권면한다.

"사람은 공동체에 속하도록 지음 받았다."

- 좋은 작곡가는 멈추지 않고 계속 배워야 한다는 사실을 안다.
모든 사람이 어떤 계기를 통해 무언가를 시작하기 때문에 학교에서 음악, 미술, 체육, 문학 같은 다양한 계기를 제공한다. 만일 우리가 아무것도 배우지 않는다면 어떤 것도 시도할 수 없을 것이다. 당신에게 새로운 작곡의 동기를 부여하는 새로운 배움의 장이 있는가? *"천 리 길도 한 걸음부터"*라는 속담은 기독교 음악 작곡에 딱 맞는 말이다. 우리는 *"철이 철을 날카롭게 하는 것처럼(잠언 27:17)"* 작곡 작업이 힘들 때 계속하도록 영감을 주고 동기를 부여하는 작곡 친구들이 필요하다. 단순한 조언과 격려도 좋지만 최고의 작곡가에게 좋은 자세와 탁월한 기술을 배우면 더 좋지 않을까? 하지만 이런 일은 개인이 하기 어렵기 때문에 작곡가 연합 모임이 필요한 것이다.

- 좋은 작곡가는 자신이 성장하도록 창조된 것을 안다. 작곡을 배우는 것과 실제로 작곡가가 되는 것은 완전히 다른 문제다. 우리는 학교에서 많은 것을 배웠지만, 사회에서 그것의 실제 경험을 쌓기 전까지 우리가 배운 것은 지극히 제한적이라는 것을 기억할 필요가 있다. 작곡도 마찬가지다. 우리가 아무리 작곡을 배우고 뛰어난 인상구와 끝내주는 선율과 멋진 후렴으로 이루어진 곡을 쓰는 원리를 터득하려고 최선을 다해도 직접 작곡을 해봐야 성장한다. 훌륭한 달리기 선수가 되려고 의자에 앉아 달리기 기술과 관련된 모든 책을 읽으면서 정작 일어나 달리지 않으면 무슨 의미가 있는가? 달리기 선수가 되려면 공부만 할 것이 아니라 일어나 달려야 한다. 원하는 것을 얻으려면 목표를 향해 움직여라. 발전하지 않는 것은 성장을 멈춘 것이고 무기력하며 침체된 것이다. 하나님은 당신을 의자에 앉아서 소망하는 목표가 마법처럼 저절로 이루어지길 기다리는 사람으로 창조하지 않으셨으며 목표를 향해 전진하도록 창조하셨다. 기억하라. 훌륭한 작곡가는 훌륭한 곡을 쓰기 위한 목표를 설정하고 꾸준히, 매일 작곡법을 공부하고 수많은 습작을 쓴다.

"원하는 것을 얻으려면 목표를 향해 움직여라."

- 자, 시작해 보자! 다음 장부터 나는 치열한 경쟁으로 가득한 작곡 시장에서 돋보이는 곡을 쓰는 전략을 나눌 것이다. 이 세상에는 곡을 쓰고 알리려는 수많은 사람이 있다. 문제는 이렇게 많은 사람이 안타깝게도 수준 이하의 곡으로 스스로 엉터리 작곡가라는 것을

증명하고 있다는 사실이다. 아이러니하게도 인류 역사상 요즘처럼 쉽게 곡을 쓰고 알릴 수 있는 때가 없었다. 소셜 미디어로 자기의 작품을 알리는 것은 불과 10여 년 정도밖에 되지 않았다. 소셜 미디어의 좋은 점은 누구나 재능과 기술만 있다면 크고 유명한 음반사의 도움 없이 자기 곡을 발표할 수 있다는 점이다. 반대로 안 좋은 점은 준비되지 못한 작곡가가 만든 미숙한 곡이 쏟아져 나와서 사람의 인생에 도움을 주지 못하고 예수님의 나라를 세우지 못하는 노래로 세상을 뒤덮었다는 점이다.

나는 하나님께서 여러분을 위해 더 좋은 것을 준비하셨으며 내가 여러분을 그곳에 이르도록 돕기를 바란다. 이제 내가 나눌 작곡 전략을 당신이 잘만 사용한다면, 마음을 열고 배우는 법을 깨닫고 성장하며 사람들이 당신의 작곡에 관심을 기울이는 작곡 기술의 쾌감을 경험할 것이다. 하나님께서 당신에게 사람들과 소통하고 그들의 삶에 더 큰 가치를 더해주는 악상과 가사와 선율을 주셨다는 사실을 아는 것보다 더 좋은 일은 없다. 내가 이미 쓴 수백 곡이 전 세계의 많은 사람에게 영향을 주었지만 나는 여전히 이 사실에 또다시 흥분하곤 한다. 이제 여러분의 마음을 열고 몇 분간 하나님께 당신에게 새로운 작곡 영감을 주시기를 기도하고 이 여정을 시작하자.

2장 나쁜 지름길을 피하라
RESIST SHORT CUTS

"가야할 가치가 있는 곳은 지름길이 없다." - 비벌리 실즈(BEVERLY SILLS)

레슬리 프레이^{LESLEY FREY}는 "성공으로 가는 지름길을 찾나요? 이 글을 읽으세요"라는 뛰어난 글에서 성공에는 지름길이 존재하지 않는 일곱 가지 이유를 밝혔다. 나는 훌륭한 작곡에도 지름길이 없다고 믿는다. 레슬리 프레이는 삶에 갖가지 요령을 적용할 때 왜 생각대로 되지 않는지를 스키장 언덕까지 리프트를 타는 것과 걸어서 오르는 것을 대조해서 설명한 '스키장 리프트 이유', 어떻게 우리의 여정이 우리가 다른 방법이 아닌 시련과 고난에서 배우고 성장하는지 '오디세우스 이유' 등의 몇 가지 이유로 설명한다. 대다수 사람은 삶에서 시련과 도전을 바라지 않는다. 하지만 사실상 시련과 도전과 고난을 통과하면서 승리하고 더 좋은 사람이 되는 길을 배운다. 레슬리 프레이가 제시한 이유 중에 이 책의 주제와 연관이 있는 이유는 '덤보^{DUMBO}의 이유' 다.

혹시 디즈니 고전 만화 아기 코끼리 덤보를 아는가? 한 생쥐가 덤보에게 깃털을 주며 두 귀에 꽂고 크게 귀를 펄럭이면 날 수 있다고 조언한다. 하지만 덤보는 마법의 깃털을 잃어버리고 실의에 빠진다. 덤보에게 마법의 깃털은 날기 위한 지름길이었기 때문에 마법의 깃털을 잃어버리자 날 수 없었다. 마찬가지로 작곡에도 성공을 보장하는 지름길로 인도하는 작곡법이 있는 것처럼 보이며 겉으로 볼 때는 굉장히 유익한 것 같지만 사실은 매우 유해하다. 결론적으로 말하면, 좋은 곡을 쓰기 위한 작곡의 원리를 배우지 않고 좋은 곡을 쓰는 지름길은 없다.

많은 작곡자가 작곡의 지름길을 선택하는 가장 주된 이유는 인내심 부족이다. 인내는 삶의 모든 영역에 필요한 덕목이지만 작곡에서는 다른 영역보다 훨씬 더 많은 인내가 필요하다. 평범한 포도주가 오랜 숙성을 거쳐 좋은 포도주가 되는 것처럼 노래도 독특한 숙성 과정을 거친다. 모든 곡이 항상 그런 것은 아니지만 한 곡의 노래가 나오기까지 작곡자의 삶에서 충분한 시간을 통해 문학적 요소와 음악적 요소가 하나로 어우러져 최적의 노래가 나오기 때문에 반드시 인내가 필요하다. 좋은 곡을 쓰려면 우리의 현재 작곡 능력을 정확하게 파악해야 한다. 이 책을 통해 당신의 현재 작곡 능력을 이해하고 더 좋은 단계로 발전하기 바란다. 숙달된 작곡가들도 계속해서 새로운 작곡 기술을 배워야 한다면 우리에게는 얼마나 더 많은 배움이 필요하겠는가?

오랫동안 사랑받는 작품들은 제작에 필요한 구체적인 방법을 배우는 데 오랜 시간이 걸리며 수백 년 전에 건설을 시작한 유럽의 많은 대성당이 지금도 건축 중인 것처럼 제작 과정도 길다. 현대 문화는 사람들에게 즉석식품, 빠른 인터넷, 빠른 업무처리처럼 최소한의 노력으로 즉각적인 결과를 내는 것이 좋은 것이라는 생각을 주입했다. 예를 들어 우리는 웹페이지를 클릭하고 여는 데 2초 이상 걸리면 다른 사이트로 간다. 우리가 좋은 곡을 쓰려면 우리 자신에게 더 많은 것을 도전하는 법을 배워야 한다. 종종 작곡자 주변 사람들은 작곡자들의 작곡 열망을 이해하지 못하고 이렇게 말한다. "세상에 노래가 이렇게 많은데, 또 다른 곡이 필요해?" 맞다. 세상엔 우리가 알지 못하는 노래가 아주 많다. 하지만 우리에게는 예수님이 어떤 분인지, 예수님을 따르는 삶이 무엇인지 알려줄 새로운 노래가 더 많이 필요하다.

지금은 작곡가들과 가수들에게 힘겨운 시대다. 유명한 가수는 곡을 발표할 때 쉽게 관심을 받지만 새로 시작하는 사람들은 곡을 제대로 알리지도 못하고 기억에서 사라진다. 또 어떤 정보든 쉽게 얻을 수 있는 인터넷의 영향으로 기독교인들조차 남녀노소를 막론하고 음악이나 영상 같은 창의적인 작업물을 누리기 위해 합당한 대가를 치뤄야 한다는 사실을 점점 불편하게 생각한다. 우리는 이런 현실적인 문제 앞에 있지만, 세상을 변화시키는 좋은 노래의 필요성은 그 어느 때보다 크다. 여러분도 세상을 위해, 세상을 향해 곡을 써라. 다른 사람이 여러분에게 곡을 써달라고 요청하지 않아도 여러분 스스로 곡을 쓰기로 결단하고 도전하라. 내가 여러 해 동안 대형 음반사에서 작곡가들을 관리할 때 항상 작곡가들에게 스스로 생각하는 것보다 더 좋은 곡을 쓸 수 있다고 격려했으며 또 필요하다면 그들의 곡이 흔한 곡이 되지 않도록 여러 방법으로 도전했다. 지금은 작곡가 개인이 자기 장비로 혼자 작업하는 시대가 되었다. 여러 가지로 편하고 효율적이지만 한편으로는 누군가의 격려와 도움과 새로운 재능과 기술의 도전을 받기 어려우므로 결과적으로 뻔한 작업물이 나올 가능성도 커졌다. 나는 진실로 여러분이 더 좋은 곡을 쓰는 도전에 직면하기 바란다.

> *"우리가 훌륭한 곡을 쓰려면 우리 스스로에게*
> *더 많은 것을 도전하는 법을 배워야 한다."*

이제 작곡의 나쁜 지름길 다섯 가지와 훌륭한 기독교인 작곡가에게 필요한 바른 시간 절약 요령 다섯 가지를 살펴보자. 곡을 빨리 쓰는 나쁜 지름길은 겉으로 보면 좋지만, 결코 좋은 것이 아니다.

곡을 빨리 쓰는 나쁜 지름길

1. 한 곡에 도입부VERSE를 1절만 작곡하기

"정말 도입부를 1절만 쓰나요?"라는 질문의 답은 "맞습니다. 많은 사람이 그렇게 하지요"이다. 이것은 특히 "후렴구 방식의 찬양PRAISE CHORUSES" 시대에서 성장한 예배 작곡가들에게 딱 맞는 이야기다. 교회에서 도입부와 후렴구를 포함한 찬송가 전체가 아닌 후렴구 찬양을 부르는 것은 하나의 문화 충격이었다. 빌과 글로리아 게이터 같은 초기 예배 음악 선구자들은 "예수 예수 오 예수, 살아계신 주"처럼 꾸준히 사랑받은 후렴구 찬양을 우리에게 남겼다. 이런 곡들은 사실 도입부가 있는 예도 있었지만, 많은 교회에서 후렴구만 주로 부르면서 후렴구 찬양 운동이 일어났다. 나는 여러분의 교회에서 자주 부르는 곡을 작곡한 유명 작곡가와 수년 동안 같이 일하면서 곡 전체를 완성하는 훈련을 했다. 그는 곡을 완성하는 연습을 하도록 도전을 준 내게 지금도 감사하며, 나와 함께 작업하지 않았다면 없었을 2절 가사로 노래할 때마다 보람을 느낀다고 말했다.

2. 고리타분한 악상을 끼워 넣기

곡을 완성할 때 고리타분한 악상으로 완성하려는 시도는 작곡 지망생이 빠지기 쉬운 가장 흔한 함정이다. 하지만 다른 작곡가, 음반사, 청취자들은 고리타분한 노래보다 의미심장한 노래를 좋아한다. 어느 날 당신의 귀를 사로잡는 노래를 들었다고 상상해 보자. 책이나 스마트폰, TV를 보는 중 들려온 음악에 온통 정신을 빼앗겨 흠뻑 빠진다. 그런데 곡의 어느 지점부터 이전에 백만 번은 더 들어봤을 고리타분한 음악으로 바뀌어 끝이 난다면 얼마나 아쉬울까? 안타깝게도 세상의 많은 음악이 이런 고리타분한 음악으로 사기를 치고 있다. 나는 적절한 선율과 화음과 가사가 떠오를 때까지 기다리지 못하는 "초조한 작곡가"들과 많이 작업했다. 초조한 작곡가들은 곡을 빨리 마무리하려고 고리타분한 악상을 사용한다. 만일 당신이 작곡할 때 인내심을 충분히 갖지 않으면 고리타분한 악상으로 빨리 곡을 마무리하고 만족할 것이다. 문제는 다음에도 또 곡을 빨리 마무리하려는 압박 때문에 흔하디흔한 곡을 만들 것이다.

"곡을 완성할 때 고리타분한 악상으로 완성하려는 시도는
작곡 지망생이 빠지기 쉬운 가장 흔한 함정이다."

나는 작곡 과정에서 벽에 부딪혔을 때, 그 곡을 몇 분이든, 몇 달이든 내버려 두곤 한다. 그러면 마치 곡이 자신의 부족한 부분을 보완하려고 스스로 부족한 지점을 말하는 것처럼 새롭고 신선한 악상이 떠올라서 곡을 완성한다. 작곡의 핵심은 조급하지 말라는 것이다. 하지만 모든 곡이 오래 걸려야 완성되는 것은 아니다. 내가 조지 시어시^{GEORGE SEARCY}와 함께 작곡한 "우리의 소망은^{OUR HEART}"이라는 곡은 작곡 노트에 간단하게 메모한 절과 후렴 가사를 바탕으로 한 시간 반 만에 완성했다. 후에 이 곡은 여성 복음 전도자 베쓰 무어^{BETH MOOR}가 제작한 "신실한 자들의 목소리^{VOICED OF THE FAITHFUL}"란 음반에 예배 인도자 트레비스 코트렐^{TRAVIS COTTRELL}에 의해 녹음되었으며 1994년 이후 전 세계적으로 감동을 주는 유명한 선교적 찬양이 되었다.

나는 하나님께서 우리의 곡을 귀하게 사용하신 것에 감사드린다. 하지만 이 곡은 한 시간 반 만에 빠르게 완성했지만 그렇다고 고리타분하지 않았고 주제에 맞게 신선하고 호소력 있었다. 조지와 내가 이 곡을 만들 때, 사실 곡이 스스로 완성하는 것을 느꼈다. 나는 이 곡을 만들 때 성령께서 특별한 영감을 주셨기 때문에 신속하지만 고리타분하지 않은 곡을 완성했다고 생각한다. 나는 다른 곡을 쓸 때도 각 부분에서 가장 좋은 것이 나올 때까지 오래 기다렸다. 곡이 완성되는 시간보다 더 중요한 것은 곡의 완성도다. 나는 싸구려 음악에 만족하지 않으며 내가 쓰는 곡도 싸구려 음악이 아니길 바란다.

3. 나쁜 운율^{RHYMES} 쓰기

나쁜 운율은 어디에나 있다고 말할 정도로 흔하다. 운율은 음악과 맞추는 데 많은 시간이 필요한, 그 자체로 하나의 예술이다. 대중음악에 고리타분한 소절과 싸구려 운율이 넘치지만 우리는 더 좋은 음악을 위한 노력을 포기해선 안 된다. 절대 안주하지 마라. 나는 가장 안 좋은 각운[1]을 "문 준^{MOON JUNE}" 운율이라고 부르는데, 너무 기본적이고 싱거워서 사람들에게 아무런 감흥을 주지 못한다. 운율은 고급스럽지만 힘든 작업이다. 디지털 혁명이 우리에게 탁월한 예술보다 쉽게 유행할 음악을 만들도록 유혹하는 이 시대에, 왜 우리는 쉬운 운율이 아닌 정교하게 기획된 하나의 예술로서의 운율을 사용해야 할까? 답은 하나님께서 창조하신 운율은 고리타분하지 않기 때문이다. 우리가 주님께 구하면 하나님의 마음을 흔들고 사람들을 복음으로 인도할 음악과 운율을 받을 수 있다.

많은 작곡가 지망생이 내 사무실에 찾아와서 *"하나님께 이 곡을 주셨어요"*라고 말하면 나는 그들에게 매정하지만, *"하나님께서 그 곡을 주신 것은 맞아요. 하지만 그 곡은 어쩌면 더이상 하나님께 필요가 없는 곡일지도 모릅니다."*라고 대답하곤 했다. 그리고 그들이 가져온 곡을 검토하면 정말 하나님께는 필요가 없겠다는 생각이 들 때가 많았다. 사람들이 나쁜 운율을 쓰는 이유는 소절^{PHRASE}이 좋지 않기 때문이며 좋은 악상으로 소절을 채우면 운율도 좋아진다. 마치 나쁜 것은 나쁜 것을 닮고 좋은 것은 좋은 것을 닮는 것처럼 음악을 대충 만들지 말고 항상 좋은 것, 최선의 것을 추구해야 한다.

---

1. 시에서 끝에 오는 소리가 같은 소리로 반복되는 것.

우리에게 "왕이신 하나님 높임을 받으소서"라는 곡으로 유명한 트와일라 패리스는 내가 정말 좋아하는 작곡가요 운율가^{RHYMER}중 한 사람이며, 그녀가 쓴 "함께 연합하여"란 곡은 정말 최고의 운율을 가진 곡이다.[2] 내 생각에 트와일라 패리스처럼 가사를 잘 쓰는 사람은 정말 드물다. 트와일라 패리스의 곡은 30여 년 전인 1987년에 발표되었지만 여전히 내 모든 작곡 활동 기간에 접한 곡 중에 가장 좋은 가사로 남아있다. 패리스 여사는 이제 사역에서 은퇴해 작곡과 공연 사역은 하지 않지만 전 세계가 "왕이신 하나님 높임을 받으소서"를 부른다. 패리스는 단 한 번도 나쁜 운율을 사용한 적이 없다.

"마치 나쁜 것은 나쁜 것을 닮고 좋은 것은 좋은 것을 닮는 것처럼
음악을 대충 만들지 말고 항상 좋은 것, 최선의 것을 추구해야 한다."

4. 재작곡을 거부하기

나는 음반 기획사에서 수년간 기독교인 음악계의 전설인 빌 게이터와 함께 작곡과 악보 편찬자로 일했다. 빌 게이터는 자주 *"재작곡^{REWRITE}으로 평범한 곡이 좋은 곡으로, 좋은 곡이 훌륭한 곡으로, 훌륭한 곡이 명곡이 된다"*고 말했다. 얼마나 현명한 말인가. 나는 빌 게이터의 말을 듣고 단독으로 지은 곡들을 공동 작곡가와 함께 수정했다. 좋은 작곡가는 완성된 곡을 재작곡하면서 진정한 작곡가로 거듭난다. 작곡가들이 재작곡하는 것을 거부하는 이유는 오만과 무지 때문이다. 재작곡 없이는 누구도 성공적인 작곡가가 될 수 없다.

---

2. http://lyrics.wikia.com/wiki/Twila_Paris:Bonded_Together

"재작곡을 통해 평범한 곡이 좋은 곡으로, 좋은 곡이 훌륭한 곡으로, 훌륭한 곡이 역사적 명곡이 된다. - 빌 게이터"

모든 훌륭한 작곡가들은 재작곡을 한다. 유명한 화가들이 작품을 완성하려고 한 장면을 여러 번 그리는 것처럼 좋은 작곡가들은 재작곡을 타협이나 실패가 아닌 탁월함으로 가는 과정이라고 생각한다. 모든 훌륭한 작곡가가 곡이 좋아질 때까지 다시 고치는 작업을 한다. 만일 당신이 *"하나님께 직접 곡을 받은 순간에 이미 다 완성된 것"*이라는 *"과도한 영적인*OVER-SPIRITUALIZED *생각"*으로는 좋은 곡을 완성하기 어렵다. 정말 당신이 하나님께 연결된 직통 영적 라인으로 완성된 명품을 내려받는다면 그것보다 더 감사할 일이 어디 있겠는가? 작곡을 위한 인내나 배움이나 훈련이 필요 없으며 우리는 얼마 후 당신을 그래미 시상식에서 볼 것이다. 만일 당신의 노래가 이 세상의 그 어떤 노래보다 가장 좋은 것이 아니라면 쉽게 "이 곡은 하나님께서 주셨어요"라고 말하지 말라.

사실 우리가 쓰는 곡들은 대부분 부족한 점이 많으며 때로는 엉망이다. 하나님께서 곡을 주셨다는 말로 당신이 쓴 엉망인 곡의 책임을 하나님께 넘기지 말라. 물론 나는 작곡가들이 하나님께 곡을 받았다고 말하는 것이 하나님께서 곡을 쓰는 영감을 주셨다는 의미라는 것을 안다. 영감은 곡을 쓰는 좋은 출발점이지만 그 영감으로 쓴 최초 완성본이 최종 완성본은 아니다. 곡을 수정하라. 당신이 쓴 곡을 수정해서 더 좋게 만들지 않는다면, 아무리 당신이 하나님께 그 곡을 받았다고 주장해도 사람들은 아무도 거들떠보지 않을 것이다.

5. 일관성 없는 운율체계

　운율 체계PROSODY는 가사에서 리듬과 소리의 일정한 양식을 가리키는 말로써 가사와 음악이 조화롭게 어우러지는 방법이다. 가사는 한 행의 반복된 리듬과 선율에 큰 영향을 받는다. 가사를 시처럼 낭송RECITE하는 것과 노래 하는 것은 큰 차이가 있다. 노래는 귀를 거쳐 최종적으로 영혼을 강타한다. 그래서 나는 뇌에 작용하는 결과만 보면 노래는 호르몬제STEROIDS를 복용한 시라고 생각한다. 내가 앞서 말한 것처럼 훌륭한 시가 항상 훌륭한 가사가 되는 것은 아니다. 이제 과거처럼 역사와 문화를 보존하는 방편으로 마을을 다니며 시를 노래하는 음유 시인들과 이야기를 말로 전하는 전통은 사라졌다.

　　　　　"노래는 호르몬제를 복용한 시다."

　안타깝게도 우리가 알아야 할 운율 체계의 모든 것을 이 책에서 다루기는 어렵지만 몇 가지 기본을 나누고 싶다. 먼저, 여러분이 좋아하는 노래를 들으면서 가사와 선율의 구조를 생각해 보라. 선율의 음역이 올라가거나 내려갈 때나 중간 음역에 머물러 있을 때 가사는 어떤가? 선율이 점점 올라갈 때 가사의 느낌이 어떻게 달라지는가? 내가 이 부분을 강의할 때 항상 *"만일 여러분이 작곡할 때 고음으로 올라가는UP 부분에 '아래로DOWN' 내려가는 의미의 가사를 붙이는 것이 옳습니까?"* 라고 묻는다. 이게 무슨 의미인지 이해하는가? 음역의 고조와 가사의 내용은 서로 밀접한 관계가 운율 체계다. 조쉬 그로번JOSH GROBAN이 "You Raise Me Up" 이란 노래를 부르면서 "Up" 이란 부분의 음역이 저음으로 내려간다고 상상해 보라. 실제로 불러 보면 굉장히 우습다. 가사 내용의 고조와 선율의 고조가 서로 같이 가는 것이 운율 체계이며, 이 운율 체계는 노래를 듣는 사람의 곡 해석에 매우 큰 영향을 준다. 노래에서 운율은 가수와 노래를 듣는 모든 사람에게 생명력을 불어넣는 신비한 조합이다. 가사와 선율의 운율 체계가 훌륭할수록, 노래는 더 좋아진다.

지금까지 나눈 다섯 가지 편법(지름길)이 한 곡의 잠재력을 빼앗고 싸구려로 만든다면, 반대로 작곡 지망생을 돕는 건전한 지름길이나 시간 절약법은 없을까? 이제 나에게 큰 도움을 준 몇 가지 비결을 소개한다. 이 비결은 중요한 순위로 나열한 것은 아니며 여러분이 가장 좋은 방법을 찾아야 한다. 이 방법이 여러분에게 도움이 되기를 바란다.

곡을 쓰는 좋은 지름길

1. 노래 일지SONG JOURNAL를 작성하라

많은 작곡가가 노래 일지 작성의 중요성을 잘 모른다. 우선 일지는 수시로 떠오르는 인상구를 적어 두는 '조언의 공간'이다. 나는 일지를 각종 인상구로 가득 채운다. 물론, 그 인상구가 다 뛰어나지는 않지만 괜찮은 인상구는 조금만 작업하면 훌륭한 인상구로 발전할 수 있다. 내가 만일 떠오른 아이디어를 다듬어지지 않았다는 이유로 기록하지 않으면 좋은 악상으로 발전할 수 있는 중요한 아이디어를 버린 것이다. 나는 일지의 뒤 페이지에는 악상 아이디어를 쓰고 앞 페이지에는 가사 조각을 적었다. 내 머릿속에는 마치 바다 위에 해초가 떠다니는 것처럼 가사와 음표가 떠오르곤 하는데, 가장 작은 인상구와 악상 아이디어와 떠오르는 모든 가사 조각을 일지에 적으려고 노력한다. 내가 다른 작곡가들과 곡을 쓸 때 일지에 적어두었던 작은 조각이 곡을 완성하는 데 큰 도움을 준 적이 정말 많다. 기록하지 않은 감동은 아무 가치가 없지만, 기록한 감동의 가치는 무한대다. 보통 우리는 밤에 인상적인 꿈을 꾸면 아침에 기억할 것으로 생각하지만 사실은 거의 그렇지 못한 것처럼 곡 아이디어와 가사 조각도 바로 기록하지 않으면 깨어 있어도 사라져 버리고 다시 기억나지 않는다. 노래 일지가 당신의 '지름길'이 되게 하라.

2. 늘 녹음기를 준비하라

1번 항목처럼 일지뿐만 아니라 녹음기(이제는 스마트폰에서 기본 앱으로 제공한다)도 떠오르는 악상을 기록하는 좋은 도구다. 나는 머릿속에 많은 선율 조각이 떠오르는 편인데 그 선율을 어디에 있든지 스마트폰에 녹음하면 나중에 좋은 자원이 된다. 마트나 자동차 안에서도 악상이 떠오르면 얼른 스마트폰을 꺼내서 일단 녹음한다. 재차 말하지만, 이런 악상들이 항상 좋지는 않으나 종종 좋은 곡을 완성하는 출발 지점이 된다. 우리에게 떠오르는 악상은 아무리 작은 아이디어라도 값진 선물이므로 그냥 버리면 안 된다. 항상 녹음기를 준비하면 시간을 절약하고 당신의 작곡에 시동을 걸 수 있다. 그러니 무반주로 녹음하는 것을 두려워하지 마라.

3. 영감받은 상태에 머물라

기독교인 작곡가는 하나님께서 부르시고 영감^{INSPIRATION}을 주셔야 순종할 수 있다. 만일 하나님의 부르심과 영감이 없다면 기독교인 작곡가가 될 수 없다. 기독교인 작곡가의 최우선 순위는 삶과 곡으로 주님의 임재와 선하심을 증거 하는 것이지만, 그렇지 못할 때가 많다. 예수님께서 마태복음 13장의 씨 뿌리는 자의 비유를 통해 우리 삶에 말씀이 열매 맺지 못하는 이유는 우리가 말씀을 듣지만 세상의 염려와 재물의 유혹이 하나님의 말씀을 억누르기 때문이라고 알려주셨다. 사실 이런 일은 기독교인 작곡가뿐만 아니라 모든 신자에게 일어나는 일이다. 우리는 정치, 중독, 테러, 쾌락 등 말로 다 표현하기 어려울 정도의 스트레스로 가득한 문화 속에 산다. 좋은 곡을 쓰려면 이런 어려운 환경에서도 우리 삶에 예수님의 살아계신 임재가 충만한 상태를 유지해야 한다. 하지만 이것은 절대 쉬운 일이 아니다. 우리 주변의 모든 것이 우리를 방해할 때 어떻게 그것을 이기고 훌륭한 기독교 음악을 만드는 영감을 유지할 수 있을까?

> " 좋은 곡을 쓰려면 어려운 환경에서도
> 우리 삶에 예수님의 살아계신 임재가
> 충만한 상태를 유지해야 한다."

첫째, 말씀의 사람이 되자. 우리는 날마다 성경을 읽고 묵상해야 한다. 예술가들은 대부분 규칙적이지 못하기 때문에 '새벽 5시에 일어나 경건의 시간 가지기' 같은 계획은 무리가 있으며 차라리 성경 강사들의 훌륭한 인터넷 설교를 듣거나 강력한 말씀이 담긴 영상을 보는 편이 더 낫다. 나는 성경 말씀을 충전하려고 종종 설교 방송을 듣는다. 여러분 각자 말씀을 충전하는 최고의 방법을 찾아라. **둘째, 조금씩 읽을 때 먼 길을 갈 수 있다.** 훌륭한 성경 구절에서 항상 훌륭한 현대적 노래 가사가 나오는 것은 아니지만, 아주 짧은 문장에서 놀라운 영감을 발견한다. 나는 정기적으로 하루에 시편 다섯 편을 읽어서 한 달 동안 시편 전체를 다 읽었다. 당신이 좋은 예배곡을 쓰고 싶다면 적은 분량이라도 꾸준히 성경을 읽어라. 다른 길은 없다. **셋째, 영감을 주는 작가들의 글을 읽어라.** 개인마다 영감을 불러일으키는 작가들이 있을 것이다. 나는 헨리 나우앤과 브레넌 매닝을 선호한다. 그들의 관점과 책은 항상 풍성한 영감과 자극을 주기 때문에 나는 그들의 작품을 읽고 나면 뭔가를 쓰고 싶어진다. 하나님은 작가들을 통해 나에게 영감을 주시고 채워주신다.

4. 다른 작곡가들과 교류하라

사람은 공동체를 이루어 함께 살면서 사랑하고 배우도록 창조되었다. 소속감이 없으면 창의성의 온전한 잠재력까지 도달하지 못한다. 사람들이 흔히 하는 '혼자 다 할 수 있다'는 생각은 대부분 좋은 결말을 보기 어려운 얕은 생각이다. 우리는 주위에 같은 목표를 향해 함께 성취하며 고민을 나누고 배우는 과정을 돕는 사람들이 필요하다. 이것이 분야마다 전문적인 협회를 세워 가입 회원끼리 영감을 주고 받는 이유이며 내가 내슈빌 기독 작곡가 협회를 조직한 이유이자 여러분의 여정을 함께할 작곡가를 모집하는 이유다. 현대

과학 기술력의 산물로 사람들은 더는 외롭지 않은 것처럼 보이지만 실상은 그 어느 때보다 깊은 나눔과 교제가 필요하다. 내가 쓴 최고의 곡은 다른 작곡가와의 공동 작업으로 완성했다. 여러분이 다른 사람들과 곡을 쓰고 노력하며 어깨를 맞대는 경험을 하면, 여러분의 미숙한 곡이 얼마나 빨리 멋지게 바뀌는지 보고 놀랄 것이다. 다른 작곡가들과 함께 하는 것은 당신의 부르심과 작곡 과정에 긍정적 확증을 줄 것이다.

5. 작곡가 웹 사이트에 가입하라

여러분의 지평을 넓혀줄 좋은 웹사이트를 찾아서 필요하던 자료로 여러분의 마음을 가득 채우길 바란다. 그러면 어떤 것이 자기에게 맞고 어떤 것이 안 맞는지 금방 알 것이다. 작곡가들이 운영하는 사이트와 블로그 글만 훑어봐도 여러분에게 무엇이 필요한지, 여러분에게 어떤 변화를 줄지 깨달을 수 있다. 아이러니하게도 인터넷은 음악 시장에 손해를 입힌 것도 사실이지만 한편으로는 믿을 수 없을 정도로 많은 좋은 정보를 제공한다.

이제 여러분이 작곡의 지름길을 찾으려는 유혹에서 벗어났다면, 작곡을 단지 취미가 아니라 생활 방식으로 만드는 법을 나눠 보자.

3장 취미가 아닌 생활방식으로 작곡하라
MAKE WRITING A LIFESTYLE, NOT A HOBBY

"취미는 지하창고에서 모형 비행기를 조립하는 접착제 냄새로부터 시작된다." - 존 업다이크(*JOHN UPDIKE*)

누구나 하나쯤 연날리기, 고전 선박 모형 조립하기 같은 취미가 있다. 취미는 일상의 스트레스와 걱정을 해소하는 좋은 방법이다. 하지만 불행하게도 작곡은 좋은 곡을 쓰려 할수록 중압감과 고민을 주기 때문에 취미라고 하기 어렵다. 작곡은 집중적인 정신노동이다. 그래서 한편으로 마음이 약한 사람에게 작곡은 어울리지 않는다. 좋은 작곡가가 되려면 스트레스를 줄이는 좋은 취미를 가져라. 특히 다른 사람이 당신이 작곡한 노래를 별로 좋아하지 않을 때 당신이 받을 스트레스는 상상을 초월한다. 만일 작곡이 취미라면 즐겁게 연 날리던 좋은 느낌은 어디로 간 것일까? 훌륭한 기독교인 작곡가가 되려면 생활방식 전체를 헌신해야 한다.

"좋은 작곡가가 되려면 스트레스를 줄이는 좋은 취미를 가져라."

취미는 잠시 중단해도 아무런 문제가 없지만 작곡가들은 작곡하는 일이 그들에게 더 큰 기쁨을 주기에 곡을 방치하지 않고 열심히 작곡한다. 작곡은 삶이다. 내가 개인적으로 진짜 자유롭다고 느낄 때는 달릴 때다. 발에 꼭 맞는 신발을 신고 귓가에 스치는 바람을 느끼며 달릴 때 스트레스가 사라지고 행복감을 느낀다. 나는 대니 고키DANNY GOKEY의 멋진 곡 "내 앞의 소망"을 들으며 도로를 힘차게 달릴 때 근육의 느낌이 좋다. 처음에는 건강을 위해 억지로 달렸지만, 이제는 달리기를 멈출 수 없다. 처음에 달리기는 취미였지만 이제는 생활방식이 되었다. 특별한 삶을 사는 사람들은 취미는 평범하지만, 목표 달성은 생활 방식이라는 것을 안다. 10km 경주나 철인 3종 경기를 하는 사람들은 단지 취미로 뛰는 것이 아니라 결승선까지 완주하려고 죽을 만큼 진지하게 뛴다. 목표를 달성하려는 사람들은 평범함을 뛰어넘는데 필요한 헌신을 이해하며 성취하려는 목표를 중심으로 삶을 재배치하고 타성에 빠지지 않도록 노력한다. 여러분이 작곡 기술을 배우려면 결단하고 삶의 우선순위를 조절하기 전까지 여러분이 바라는 모습으로 변하기 어려울 것이다.

"특별한 삶을 사는 사람들은 취미는 평범하지만,
목표 달성은 생활 방식이라는 것을 안다."

당신이 정말 곡을 쓰고 싶다면 취미가 아닌 생활방식으로 바꿔야 한다. 성경은 열왕기하 2:2에 엘리사가 엘리야의 겉옷을 받고 나서 엘리야보다 두 배 이상의 많은 이적을 일으켰다고 기록한다. 만일 당신이 작곡을 취미에서 생활방식으로 바꾸면 지금까지 쓴 곡의 두 배 이상을 쓴다면 얼마나 멋진 일인가?

작곡을 취미에서 생활방식으로 전환하는 세 가지 방법

1. 작곡가들은 곡을 쓴다

나는 소설가들이 새 책을 출간하지 못하는 가장 큰 이유는 글을 쓰지 않기 때문이라는 말을 들었다. 단지 멋진 책을 완성하는 꿈만 꿔서는 결코 책을 낼 수 없다. 모든 작가가 책을 완성하기를 기대하지만 정말 간절한 마음으로 책을 쓰는 사람은 적다. 작가의 진짜 표식은 "쓰는 사람"이다. 비록 우리 모두가 바라는 것처럼 멋진 책이나 곡을 발표하지 못해도 하나님께서 우리에게 주신 것을 표현하려는 강렬한 열망으로 글이나 곡을 쓴다. 우리가 받은 하나님의 구원이 우리가 곡을 써야 할 충분한 이유이며 아무도 관심 두지 않아도 꾸준히 곡을 써야 한다.

2. 작곡가들은 곡을 쓰려고 정리 정돈을 한다

나는 앞 장에서 떠오르는 악상을 작곡 일지와 스마트폰으로 기록하라고 말했다. 재미있는 것은 이제 시작이다. 당신이 정말 곡을 쓰고 싶다면 준비해야 한다. 당신의 아이디어를 기록하기 위해 일지나 스마트폰을 마련했다면 다음 단계는 포착한 "곡 조각"을 정리하는 것이다. 당신의 노트에 기록한 것을 파일로 만들어 컴퓨터에 저장하라. 아내는 내 서류 캐비닛에 "잡동사니"와 "보관할 것"이라고 붙어 있는 라벨을 볼 때마다 웃는다. 나는 내가 만든 모든 노래 파일을 잊지 않고 노트북의 "완성된 곡"과 "완성할 곡"이란 폴더에 저장한다. 이것이 내가 곡을 잃어버리지 않고 작업할 때 언제든 쉽게 찾는 방법이다.

당신은 내가 하는 것처럼 "완성된 곡"과 "완성할 곡"이란 범주로 곡을 정리하고 보관할 수도 있고 아니면 그냥 일반적인 제목으로 보관하는 것으로도 충분할 수 있다. 나는 작업 중인 곡을 완성하고 작업 폴더에서 완성 폴더로 옮기는 것을 아주 좋아한다. 내가 음반사나 가수에게 곡을 줄 때, 완성 폴더가 있으면 곡을 찾으려고 헤매지 않고 빨리 찾을 수 있다. 또 요즘은 종이를 많이 사용하지 않는 추세이지만, 당신이 하나의 예배 곡을 완성했고 그 곡을 교회에서 사용한다면 프린트한 가사지와 코드 목록, 연주자들과 싱어를 위한 연습 악보 같은 종이 자료가 쌓일 수밖에 없으며 태블릿 피씨로 종이 악보를 대체하지만 아직은 스마트폰이 대중적이기 때문에 종이 자료가 필요하다. 문서 폴더, 공책, 서류 보관함은 찬양팀의 종이 자료를 보관하는 데 필요하다.

3. 전문 작곡가 모임, 협회, 학회에 참가하라

진지하게 자신의 기술을 키우고 싶다면 좋은 모임과 협회에 참가해서 좋은 동료를 만들고 협력하며 적어도 일 년에 한 번 이상은 전문적인 기술 발표회에 참석하라. 나는 이 책을 쓰면서 지난주에 미시간주 그랜드빌에서 케리 두마라는 뛰어난 사진 작가에게 새 프로필 사진을 찍었다. 나는 캐리에게 어떤 계기로 사진을 시작했고,

어떻게 이런 성공적인 사진 스튜디오를 운영하는지 질문했다. 캐리는 말하기를 자신은 학교에서 사진을 전공하지 않았으며, 독학으로 사진을 배웠다고 했다. 그러다 학회에 참석하고 사진 동호회와 협회에 참가하면서 실력을 키웠고 이제는 자신이 참석했던 모임에서 강의를 할 정도로 성장했다.

여러분에게 맞는 학회나 모임을 어떻게 골라야 할까? 사실 기독교인 작곡가를 위한 학회나 모임이 그리 많지 않기에 오히려 고르는 데 수월한 편이다. 미국에서 열리는 전국 예배 인도자 컨퍼런스는 예배 곡 작곡가를 위한 강좌를 제공한다. 내슈빌에서 열리는 집중 컨퍼런스에서 예배 곡 작곡가를 위한 모임을 제공하며 집중된 주제에서 많은 것을 얻을 수 있다. 또 다른 모임은 기독 작곡 협회, 기독 작곡가 네트워크, 그리고 미국 기독 작곡가 연합 등이 있다. 오랜 역사가 있는 내슈빌 작곡가 국제 연합도 전 세계적으로 탁월한 강좌를 열고 컨퍼런스를 개최한다.

내가 대표로 있는 내슈빌 기독 작곡가 협회(NCS)도 여러분의 작곡 기술을 키울 최상의 자료와 영적인 감동을 제공한다. 우리는 비교적 신생 단체지만, 30년 넘게 작곡 발표를 한 경험이 있으며 우리의 지식이 여러분에게 큰 도움이 될 것이라고 확신한다. 이번 장의 요점은 만일 당신이 한 모임에 들어가서 다른 사람들과 교제하기 시작하면 혼자 할 때보다 훨씬 더 많이 발전할 수 있다는 것이다. 똑똑한 작곡가들은 모임에서 배운 지혜와 경험을 자신의 작곡에 적용한다. 다른 사람과 함께 하는 것이 잘 배우고, 도전하고, 성장하는 빠른 방법이다.

"똑똑한 작곡가들은 모임에서 배운 지혜와
경험을 자신의 작곡에 적용한다."

　위에서 다룬 3가지 항목을 실천하면 여러분의 작곡을 취미에서 생활방식으로 바꿀 수 있다. 생활이나 작곡에 어떤 보장이 있는 것은 아니지만, 여러분이 작곡하면 할수록(그리고 더 잘 작곡할수록), 여러분이 쓴 곡이 알려질 기회가 더 많아질 것이다. 이제 당신을 위한 최상의 모임과 컨퍼런스에 참여하라. 우리가 다음 장에 다룰 부분은 건전한 객관성으로 자신의 작품을 보는 것인데, 이것은 특히 자신의 음악적 창의성이 자신의 전적인 실력인 양 착각하는 경향이 있는 음악가들과 작곡가들에게 아주 중요한 주제다. 나는 당신의 작품이 그저 당신의 표현일 뿐이지, 당신 자신이 아니라는 점을 알려주고 싶다. 계속 다음 장을 읽기 바란다.

4장 자신의 작품에 건강한 객관성을 개발하라
DEVELOP A HEALTHY DETACHMENT FROM YOUR WORK

"창의성의 필수 요소는 실패를 두려워하지 않는 것이다." - 에드윈
랜드(*Edwin Land*)

　　나는 내가 생각해도 정말 이상한 곡을 몇 번 쓴 적이 있다. 특히
젊었을 때, 좋은 악상과 안 좋은 악상 사이를 헤매며 진짜 좋은 악상
을 찾아가던 시절을 떠올려 보면 지금 기준으로는 정말 부끄럽고 이
상한 곡을 많이 썼다. 종종 작곡자는 발표하지 못한 곡의 흩어진 흔
적과 미처 알아차리지 못한 성공할만한 곡의 메마른 주검을 나중에
서야 발견할 때까지 스스로 얼마나 낮은 수준이었는지 깨닫지 못한
다. 나는 80년대에 "생명을 심어라^{PLANT LIFE}"란 곡을 썼다. 창문가에 걸
려 있던 '조화(彫花) 난^{SILK ORCHID}'을 보고 주변 사람에게 생명을 심는다
^{PLANTING LIFE}는 가사가 떠올랐다. 나는 이 표현이 정말 기막히게 좋은 표
현이라고 생각했다. 과연 정말 좋았을까? 사실은 전혀 아니었다! 표
현은 얕았고 모든 면에서 부족했다. 우리가 좋다고 생각한 멋진 음
악이 오히려 엉망진창이었다는 사실을 깨달아야 한다.

"우리가 좋다고 생각한 멋진 음악이 오히려
엉망진창이었다는 사실을 깨달아야 한다."

지금은 그 곡이 엉망이라는 것을 충분히 알지만, 그때 당시에는 나의 모든 자존감을 그 곡에 걸었기 때문에 주변 사람에게 곡이 이상하다는 조언을 들으면 낙심할 수밖에 없었다. 나는 사람들의 조언을 들을 때마다 "어쨌든 이 노래를 주신 분은 하나님이셔, 안 그래? 온 세상 사람에게 생명을 심는 것은 주님의 뜻이잖아."라고 자신을 위로했다. 물론 그렇다. 하지만 그 곡은 그저 시장에서 살아남기 힘든 이상한 곡이었다. 솔직히 그 곡은 하나님께서 주신 것이 아니라 나의 부족한 상상력과 초보적인 작곡 기법으로 만든 우스꽝스러운 것이었다. 당시에 나는 작곡을 제대로 배우지 않았었다. 언젠가 한 번은 사람들에게 그 곡을 들려주자 우스꽝스러워하며 크게 웃었는데, 이 기억이 너무 힘들었는지 순간 정신이 아득해지는 것 같았다. 후에 정신요법을 받은 것이 마음의 고통을 이기는 데 도움을 주었다.

왜 우리는 자신이 만든 작품과 자신을 동일시하는 착각을 할까? 사람들은 자신의 곡을 "자식CHILDREN"처럼 여기지만 망각하는 사실이 있는데, 막상 우리가 쓴 곡은 우리가 바라는 것처럼 예쁘고, 똑똑하지 않다는 점이다. 그 녀석(곡)들은 공공장소에서 함부로 행동하고 극장에서 중요한 순간에 큰소리를 지르는 어린아이와 같다. 때로는 심지어 불량배처럼 굴거나 범죄자처럼 행동한다. 작곡자들은 자신이 쓴 곡이 생각처럼 아름답거나 탁월하지 않으며 착하지 않다는 점을 인정해야 한다. 안타깝지만 사실이다.

나는 발표하지 않은 몇 곡의 "노래 자녀SONG CHILDREN"가 있다. 이 곡들은 내가 최선을 다해 낳고, 먹이고, 입히고, 길렀다는 점에서 나 자신과 같다. 하지만 우리가 쓴 곡은 실제 자녀들처럼 시간이 흐르면 스스로 일어나 걷고, 스스로 먹고, 스스로 씻으며 자신의 작은 인생을 살아야 할 숙제 앞에 놓인 모습과 비슷하다. 우리가 처음 쓰는 곡들은 어린아이처럼 사랑스럽지만 미숙하다. 그러나 우리의 곡이 계속 미숙한 상태에 머무르면 안 되며 시간이 지날수록 완성도가 점점 성숙하고 성장해야 한다. 작곡가로서의 정체성과 자존감을 자신이 만든 노래에 두는 것은 개인의 건강한 내면에 해가 되는 의미 없는 일이다. 작가들이 성숙하고 성장하려면 자신의 예술에 객관적으로 접근해야 한다. 건강한 객관성은 나와 작업 결과물, 즉 나와 노래의 차이를 아는 것이다. 건강한 객관성이 없으면 이상한 곡을 만들고 그 핑계로 "하나님 찬스GOD CARD"를 꺼내서 이 곡은 하나님께서 주신 곡이라고 항변한다. 하나님을 작곡 과정에 끌어들이는 것이나 혹은 작곡 과정에 아무런 영감을 받지 못한 이유로 하나님께 불평하고 쓴 마음을 품으며 책임을 전가하는 것은 건강하지 못한 태도다.

우리 자신과 결과물의 미묘한 실제 차이를 깨닫는 것은 성공적인 작곡에 매우 중요한 부분이다. 만일 우리가 객관적으로 작업물을 대하지 못하면 다른 사람의 비평이나 조언에 인색할 수밖에 없음으로 더 좋은 단계로 발전하기 어렵다. 이것은 인생의 모든 분야에 적용된다. 예를 들어, 만일 당신이 끓인 국에 항상 불탄 장작 같은 맛이 난다면 요리 솜씨가 없음을 인정하고 도움을 받아야 한다. 건강한 객관성이 있을 때 자기 실력을 인정하고 도움을 받을 수 있다.

건강한 객관성과 반대되는 건강하지 못한 객관성은 자기애^{NARCISSISM}와 교만과 완벽주의에서 나오는데, 이 모든 것이 두려움과 자만심에 뿌리를 둔다. 거절의 두려움은 인생에서 반드시 피해야 할 목록 제일 위에 있다. 누구도 어떤 상황에서든 거절 때문에 상처받고 싶지 않다. 어떤 사람은 거절당하는 것에 극도로 예민해서 무시하는 표정만 살짝 보여도 흥분한다. 그러니, 누군가가 우리의 곡을 완전히 무시하면 얼마나 더 심한 반응이 나올까? 우리가 만든 노래가 완벽하다고 느끼는 것은 자기 속임일 뿐이다.

건전한 객관성을 개발하고 완벽주의를 없애는 세 가지 방법

1. 50개 중의 1개(THE 50-FOR-1)의 법칙을 기억하라

이 법칙은 당신이 그저 그런 노래 50곡을 쓰면 그중에서 멋진 노래가 한 곡 정도 나온다는 의미다. 여러분의 목표는 내가 이 책에서 말하는 모든 것을 익혀서 이 비율을 바꾸는 것이다. 처음에는 40대 1, 다음에는 30대 1, 그리고 20대 1, 그리고 그 이상까지 당신의 작곡 능력을 개발해서 1/50 비율의 법칙을 완전히 깨뜨려야 한다. 지금 당장 한 곡을 써서 전 세계를 움직일 노래를 만들 것으로 생각하는 것은 건강한 객관성에서 나오는 합리적인 생각이 아니다. 일단은 50대 1부터 시작해서 점차 그 비율을 줄이는 과정에서 제법 괜찮은 곡부터 정말 이상한 곡까지 다양한 노래가 나올 텐데, 실망하지 말고 계속해서 작곡하는 것이 중요하다. 정말 탁월한 작곡가나 가수가 아닌 대부분의 평범한 사람은 이렇게 시작한다.

사실 정말 대단한 히트곡 제조기라고 불리는 작곡가들도 한 곡의 좋은 노래를 만들기 위해 수천 곡의 이상한 노래를 만든다. 단지 공개하지 않았을 뿐이다. 비율의 법칙을 통해 우리 곡에 건강한 객관성을 적용하면 성공과 실패 사이의 감정적인 압박에서 자유로울 수 있다. 우리는 이 법칙이 마치 판매실적처럼 숫자 싸움이라는 것을 이해한다. 당신이 좋은 곡을 만들 때까지 아주 이상한 노래부터 그저 그런 노래, 괜찮은 노래까지 상관없이 많이 써야 한다. 야구 경기를 생각해 보자. 타자가 삼진 아웃이나 파울 볼과 홈런 중에 어떤 것을 더 많이 칠까? 당연히 홈런보다 다른 것이 더 많다. 타자들이 삼진 아웃에 굴하지 않고 3루타, 역전타, 홈런을 바라보고 타석에 서는 것처럼 작곡가들도 낙심하지 말고 계속해서 곡을 써야 한다.

2. 당신의 곡을 작곡을 배우는 기회로 사용하라

나는 이 시점에서 에디슨이 전구를 발명하면서 *"나는 실패하지 않았다. 다만 성공하지 못한 1만 가지 방법을 발견했을 뿐이다."*라고 한 말을 인용하는 것이 아주 적절하다고 생각한다. 좋은 곡을 쓰는 시도는 미래에 나올 좋은 곡을 향해 한 발 더 가까이 가는 배움의 과정이다. 만일 에디슨이 9,999번째 시도에서 포기했다면 우리는 지금 어둠을 밝혀주는 전등을 사용할 수 없을 것이다. 이제 무난한 곡을 실패라고 생각하는 대신 그 곡을 통해 무엇이 좋고 나쁜지, 아쉬운 부분은 무엇인지 점검하고 배울 수 있기를 바란다. 자신이 쓴 곡을 연구함으로써 작곡을 더 잘 이해하고 좋은 곡을 쓰는 방법을 발견하며 스스로 곡을 더 좋게 교정하는 기술을 키워 숙달된 작곡자요

편집자^{EDITOR}가 되는 법을 배울 수 있다. 당신이 쓰는 모든 곡은 마치 마법의 샘으로 가는 정원에 깔린 디딤돌과 같다. 그 돌은 반드시 그 자리에 있어야 하며 건너뛰면 절대 성공할 수 없다. 한발 한발 디딤 돌을 밟고 나아가다 보면 영원한 즐거움과 젊음, 사랑과 행복을 주는 샘물에 이르게 될 것이다. 그러니 각각의 작곡 시도를 배움의 기회로 보고 평생 배우는 자세를 가져라.

3) 작곡을 목적지가 아닌 여정으로 생각하라

작곡을 인생의 한 부분으로 받아들이는 것은 건강한 객관성을 키우는 가장 좋은 방법이다. 물론 작곡 때문에 시간적인 손해도 봤 겠지만 그 과정에서 도전과 배움과 성취가 있었을 것이다. 지금까 지 작곡을 위해 소비한 시간보다 앞으로 더 많은 시간이 남아 있다. 지금까지의 작곡 여정이 생각처럼 좋은 휴가 같지는 않지만, 결국 유익한 기억으로 남을 것이다. 하늘 아래 어떤 것도 완벽하지 않다 는 진실을 받아들여라. 우리가 예술과 창의성을 목적지가 아닌 하 나의 여정으로 받아들일 때 그 과정을 더 편하게 즐길 수 있다.

만일 우리 주변에 엄격한 사람만 있다면 얼마나 괴로울까? 엄격 한 사람들은 수고와 노력을 인정하기보다 사소한 실수에 더 집착하 기 때문에 뭘 하든지 지적하고 추궁한다. 혹시나 당신도 엄격한 사 람이라면 지금 당장 그 엄격함을 버려라. 당신의 엄격함이 주변 사 람을 숨 막히게 하고 당신도 불행하게 만들기 때문이다. 음악과 작 곡은 재미있고 즐거워야지 고역이 되면 안 된다. 당신의 곡이 인생 이란 열차에 탄 승객이라고 한번 생각해 보라. 당신과 주변 모든 사람이 행복하지 않다면 그 여행이 얼마나 힘들까? 건강한 객관성은 작곡뿐만 아니라 더 많은 분야에 필요한 태도다. 건강한 객관성을 동역자와 자녀에게 적용하여 그들을 자유롭게 하라.

우리가 완벽주의에 빠져서 주변 사람에게 베푼 친절과 사랑보다 더 많은 것을 요구하면, 그들이 경험할 아름다움과 즐거운 음악적 성장을 막는 결과가 나온다. 완벽주의로 관계를 대하면 관계가 무너지듯, 작곡에 완벽주의로 접근하면 불만족과 우울함의 늪에 빠져서 기쁨과 즐거움을 잃고 결국 자신과 주변 사람을 괴롭게 만들 것이다. 그러므로 모든 부정적인 것을 버리고 긍정적인 것을 품어라. 건전한 객관성을 당신의 친구로 삼아라.

5장 음반 시장을 이해하라
UNDERSTAND THE CURRENT MARKETPLACE

"작곡가가 되려면 꼭 작곡 학교에 가야 하는 것은 아니다. 곡을 들으면서 작곡을 배울 수 있다. 곡을 들으면서 구성을 살펴보면서 음악을 이해하고 어떻게 하면 그런 곡을 쓸 수 있을지 생각해 보라."

- 탐 웨이츠(TOM WAITS)

먼저, 현재 작곡 시장은 음악 종사자들이 말하는 근거로 따져보면 매우 어려운 상태다. 음악 시장에 신인들이 들어갈 자리가 이전보다 줄어들었고 어느 정도 입지가 있는 내 친구들조차 곡을 발표하기 어렵다고 한다. 이전에는 가수와 작곡가가 서로의 역할을 분담했지만, 이제는 소위 싱어송라이터^{SINGER-SONGWRITER}라는 이름으로 가수가 직접 작곡을 하는 것이 매우 일반적인 일이다. 최근에는 거의 모든 유명 기독교인 가수가 직접 곡을 쓰는데, 모두 그런 것은 아니지만 일부는 더 많은 저작권 수입을 위해 이렇게 한다. 이것은 정말 슬픈 현실이다. 이 현실이 슬픈 이유는 모든 유명한 기독교인 가수가 다 훌륭한 작곡가가 아니기 때문이다. 하지만 이것이 우리가 사는 작곡 세계의 현실이다. 내가 아는 성경 강사는 종종 "우리는 우리가 사는 진짜 세상을 사랑해야지, 살고 싶은 가상의 세상을 사랑하면 안 된다"라고 말했다. 그 충고는 우리 같은 작곡가에게도 딱 맞다. 음악 산업계의 현실을 직시하고 바꾸려면 최고의 곡을 써야 한다.

"기억하라 : 작곡가는 곡을 쓴다"

기억하라 : 작곡가는 곡을 쓴다. 히트곡을 만들어서 돈을 많이 벌고 싶은, 마음 어두운 곳에서 나오는 동기는 작곡가의 최우선 순위가 될 수 없다. 물론 음악으로 돈을 버는 것이 무조건 나쁜 일은 아니다. 좋은 음악을 만들어서 판매하면 듣는 사람들을 행복하게 만들고 음악을 제작하는 산업 전반의 종사자들을 이익을 본다. 그러므로 나는 음악을 아무 대가 없이 무료로 공유하는 것은 찬성하지 않는다. 음악 생산물의 무료 공유는 음악의 가치를 평가 절하하고 작곡가들과 가수들의 생계유지를 막아 부르심을 따라 살기 어렵게 만든다. 우리가 곡을 쓰는 이유는 돈이 아니라 우리 삶에 임한 그리스도의 사랑 가득한 부르심을 향한 응답이다. 우리는 현재 작곡 시장을 보면서 넓은 시각으로 합당하게 대처해야 한다. 나는 "케이크를 만들 때, 결국 크림이 제일 위로 올라가기 마련이다(역자 주 : 결국 좋은 지도자는 더 높은 자리에 오른다는 원리)"라는 말과 "당신은 좋은 사람(또는 좋은 곡)을 계속 밑바닥에 놔둘 수 없다"란 말을 철석같이 믿기 때문에 현재 음악 산업계의 상태에 얽매이면 안 된다.

원칙적으로 하나님은 기독교 음악 산업계보다 훨씬 더 크시며, 사람의 도움이 없어도 얼마든지 온 세상에 훌륭한 곡을 알리실 수 있다. 나의 좋은 친구 커크와 데비 데어맨^{KIRK AND DEBY DEARMAN}은 1980년도에 시편 100편의 구절을 기반으로 한 "찬양의 제사 드리며" 라는 짧은 예배 곡을 썼는데 이 곡은 도입부^{VERSE} 없이 후렴으로만 된 후렴구 찬양^{PRAISE CHORUS}의 훌륭한 예다. 수년 동안 CCLI[1] 탑 100순위 상위권에 머물렀으며 그 어떠한 상업적 뒷받침 없이 많은 교회와 가정 모임과 수련회에 이르기까지 널리 퍼져 나갔다. 우리는 전 세계를 하나로 연결하는 인터넷이 생기기도 전에 이런 일이 일어났다는 것을 기억할 필요가 있다. 당시에는 CD도 없고 오직 카세트테이프만 있던 시절인데도 하나님은 한 노래를 교회에서 교회로, 개인에게서 개인에게로 퍼트리셨으며 지금도 여전히 이런 일이 일어난다. 나중에 네가 커크와 데비와 같이 작업하면서 이 좋은 곡에 좀 더 뭔가를 추가해 보라고 권면한 후, 원곡의 앞에 새로운 부분을 추가해서 절과 후렴이 있는 멋진 곡으로 완성되었다. 모든 노래가 이런 특별한 기회를 얻지 못하기 때문에 우리는 음악 시장을 이해할 필요가 있다.

나는 지금 애플 뮤직으로 최근에 발표된 기독교 음악을 검색해서 듣는 중인데, 대부분 프로듀싱도 잘 되고 보컬도 뛰어나며 가끔은 다른 곡에서 듣지 못한 흥미로운 것이 있지만, 아쉽게도 가사들은 늘 그래 왔듯이 진부하며 마치 30년간 같은 요리를 먹는 기분이 들어서 마음이 슬프다. 현대 음악 산업의 상황이 안 좋은 여러 다른 이유가 있겠지만 나는 이런 틀에 박힌 가사가 주는 싫증이 가장 큰 원인이라고 생각한다. 우리는 창조적 예리함^{CREATIVE EDGE}을 잃어버렸고 요즘 유행하는 대중음악과 비슷한 기독교 음악이 양산되고 있다. 물론 크리스 탐린과 다른 몇몇 아티스트의 작품은 주목할 만한 예외

---

1. Christian Copyright Licensing International (국제 기독교 저작권 라이센싱) : 역자 주 - 교회 모임에서 불리어지는 예배 곡들의 저작권을 관리하는 단체

이지만, 전반적으로 "주의 나라 임하소서 / 주의 뜻을 이루소서" 식의 운율은 이제 통하지 않는다. 노래는 전적으로 듣는 사람에게 공감을 불러일으켜야 한다. 우리가 같은 가사를 계속 똑같은 방식으로 노래하면, 듣는 사람들은 지루해서 귀를 닫는다.

> *"노래는 전적으로 듣는 사람에게 공감을 불러일으켜야 한다.*
> *우리가 같은 가사를 계속 똑같은 방식으로 노래하면,*
> *듣는 사람들은 지루해서 귀를 닫는다."*

음악 사업 기획자들은 열심히 "다음 세대의 힐송" 이나 "다음 세대의 마이클 W. 스미쓰" 또는 "다음 세대의 매트 마허" 같은 가수들을 찾아 음반을 내려 한다. 한 가수가 등장해서 커다란 성공을 할 때마다, 그들의 여파로 수많은 "낙오자" 와 "스타를 동경하는 팬WANNABES" 이 생긴다. 항상 이런 일이 있었고 앞으로도 있을 것이다. 음반 사업 기획자들은 항상 유망한 가수를 널리 알려줄 훌륭한 새 곡을 찾는다. 어떤 음반 기획사는 회사를 위해 세상을 움직일 히트곡을 만드는 "전속 계약 작곡가들SIGNED WRITERS" 을 거느린다. 전속 작곡가가 곡을 잘 못 쓰면 그 작곡가는 회사에서 방출되기도 한다. 생활비와 데모 음반 녹음 비용 등을 회사에서 지원할 것이냐 아니냐 등의 재정적인 지원이나 혜택은 계약별로 다양하다. 계약조건은 한 작곡가가 보유한 작곡 경력과 음악계에서의 영향력에 전적으로 달려 있다. 이 말은 곧 당신이 좋은 계약을 맺으려면 과로에 찌들어 있는 음악 산업 관계자들을 설득할 만한 히트곡이 있어야 한다는 뜻이다.

현대 음악 시장을 이해하고 살아남는 몇 가지 방법

1. 꿈에서 깨라

종종 예술가와 작가, 작곡가는 스스로 창조한 세상에 갇혀버리곤 한다. 반 고흐를 한번 생각해 보자. 고흐는 스스로 자기 귀를 잘라버렸다. 창조적인 사람들은 매우 일상적으로 현실감각을 잃고 자기만의 커다란 세계를 만들고 그 안에 갇혀 고립된다. 작곡가는 자기가 쓴 곡이 제일 좋다는 착각에 빠지는 경우가 많다. 많은 작곡가가 자신이 만든 최고의 음악을 왜 다른 사람이 안 좋아하는지 의아해한다. 이 증상은 당신이 작곡 여정 중 잠에 취해 꿈을 꾸고 있다는 의미이며, 기상 알림이 필요하다는 분명한 표식이다. 너무 깊이 잠들면 침대 머리맡에서 알람 시계가 오래 울려도 듣지 못하는 것처럼, 당신이 스스로 만족하는 음악 수준과 현실 세상이 보는 음악 수준의 접촉점을 잃어버리고 근거 없는 자신감에 빠져 있을 수 있다. 자신을 흔들어 깨워라. 자리에서 일어나 앉아서 눈을 떠서, 깊은 심호흡으로 신선한 아침을 느끼고 당신의 시야를 가린 커튼을 열고 주변의 놀라운 음악 세계를 경험하라.

2. 현재 음악 시장의 경향을 조사하라

이제는 고인이 된 유명 팝 가수 프린스는 다른 사람의 음악은 듣지 않고 자기 음악만 듣는다고 말했다. 상징적 존재인 음악 천재들은 광범위한 창의성과 대중문화의 변화를 이끌었기 때문에 그런 자기 자랑을 할 수도 있다. 하지만 기독교인 작곡가에게 자기 자랑은 올바른 기독교적 특성이 아니며, 매력적인 인간성의 특징도 아니다. 믿는 자의 표식은 자랑이 아니라 겸손이다. 세상의 음악 수준을 조사하면 우리 음악 수준의 실체를 파악할 수 있다. 이 일은 텔레비전 음악 프로그램, 음원 사이트, 유튜브를 둘러보는 등 여러 편리한 방법으로 가능하다. 내가 제일 좋아하는 방법은 음원 사이트를 이용하는 것이다. 나는 한 두 달에 한 번씩 음원 사이트에서 추천 음반, 최신 음반, 인기곡을 훑어보고 조금씩 들어본다. 음원 사이트의 가장 멋진 기능은 음반 전체 수록곡을 미리 들을 수 있다는 점이다. 음원 사이트에 따라 시간의 차이는 있지만 한 곡의 핵심을 파악하는 데 20~30초도 걸리지 않는다.

지금까지 나는 수많은 곡을 들었다. 내가 음반 회사에서 음반 발매 담당으로 일할 때 나와 일하던 작곡가들이 쓴 수많은 곡을 들어야 했으며, 자기 음악을 들어주기 바라는 사람에게 해마다 "내가 요구하지 않은 곡"의 목록을 받았다. 나는 여러 해 동안 내가 요구하지 않은 곡에서 뭔가 대단한 곡이 있을까 찾아봤지만, 아쉽게도 단 한 곡도 찾을 수 없었다. 우리는 자기 음악에 만족할 권리가 있다. 하지만 다른 사람에게 내 음악이 좋다고 강요할 수는 없다.

좋은 음악과 좋지 않은 음악의 기준과 평가는 당신이 내리는 것이 아니라 대중과 음악 산업 담당자가 결정한다. 이것이 음악계의 현실이며 우리가 할 수 있는 것은 누가 들어도 이해할만한 좋은 음악을 만드는 것이고 이것을 위해 현대의 음악의 흐름과 경향을 조사하는 것이 매우 중요한 이유다. 앞서 말한 음원 사이트 30초 미리 듣기를 하다 아주 드물게 좋은 곡을 발견할 때면 마치 촉촉한 케이크를 맛보는 것처럼 기쁘다. 기독교 음악계와 마찬가지로 일반 팝계와 독립 음악계도 비슷하다. 현재 음악 시장의 경향을 조사하는 것은 단지 히트곡을 그대로 베끼라는 말이 아니다. 음악가로서 최악의 선택은 자기 독창성을 버리고 유행하는 음악을 그대로 베끼는 것이다. 우리는 작곡가로서 독창성을 지키기 위해 싸워야 한다. 들은 음악을 그대로 베끼거나 재창조하려고 욕심낼 필요 없이 부끄러워하지 말고 바깥세상이 어떤지 둘러보라.

3. 판단하는 태도^{JUDGMENTALISM}를 버려라

가슴 아픈 이야기지만 기독교인들은 "세상"을 판단하기로 악명 높다. 우리는 예수 그리스도의 복음을 우리 식대로 이해하고 그 모래밭 위에 "구원받은 자들^{SAVED}"과 "잃어버린 자들^{LOST}"을 구분하는 선을 그려 놓고 세상 사람들이 "구원받은 자들"의 영역으로 오는 것을 보기 원한다. 나는 모든 세상 사람이 놀라운 구세주를 알고 "성령과 진리로(요 4장)" 예배하기 원한다는 점에서 여러분 생각에 완전히 찬성한다. 하지만, 우리가 창작자^{CREATORS}로 성장하려면 우리의 "기독교적" 창의성과 예술의 전형적인 경계를 넘어서야 한다. 우리가 종교적으로 아주 좁은 시야로 작곡을 하면 우리는 세상 사람들에게 예수님의 "가장 위대한 이야기"를 효과적으로 전달하기 어렵다. 우리가 다른 종교인을 두려워한다면, 효과적인 복음 전파는 어려워지고 교회는 움츠러들 것이다.

이것이 지난 세기부터 교회가 처해 있는 힘든 싸움이다. 나는 오직 강한 기독교인만이 세상 신에게 없는 그리스도의 진정한 생명의 복음을 전하는 위험을 감수할 수 있다고 생각한다. 우리는 세상을 두려워하지 말고 담대히 복음을 우리의 노래에 담아야 한다. 아마도 여러분은 "이것이 기독교 음악을 작곡하는 것과 무슨 상관이 있나요?"라고 생각할지도 모르겠다. 하지만 아주 많은 상관이 있다. 우리의 세계관이 좁을수록 우리는 세상과 덜 소통하게 된다. 우리가 그저 "참호(교회) 안에 쪼그려 앉아서" 노래를 만들어 수류탄처럼 참호 밖 세상으로 던지기만 한다면, 사람들을 축복하기는커녕 작고 소용없는 폭발이나 일으켜 그들을 성가시게 하는 것이다.

좋은 기독교인 작곡가는 다양한 사람으로 가득 찬 세상 전체를 향해 하나님의 사랑을 전달하는 좋은 곡을 쓰는데 자신이 경험한 하나님의 사랑과 용납을 사용한다. 만일 당신이 어떤 집단을 배척한다면, 심지어는 "예수 이름으로"라고 해도, 당신은 그들이나 그 밖에 다른 사람들과 소통할 기회를 놓칠 뿐이다. 우리가 작곡하는 가장 크고 강력한 이유는 사랑이며 듣는 사람을 우리와 똑같이 만들려는 강압적인 동기는 이유 여하를 막론하고 옳지 않다. 셀라[SELAH]

"훌륭한 기독교인 작곡가는 모든 사람을 사랑한다."

기독교 음악 산업은 세상만큼이나 많은 유형의 신자(그리고 불신자)로 가득하다. 만일 우리가 교회에서 "다른 사람"을 편견 어린 시선으로 본다면, 작곡가로서 당신의 음악을 알려줄 기회가 줄어들 뿐이다. 좀 더 쉽게 말하면 사람들은 그저 사람들일 뿐이고 산업은 산업일 뿐이다. 음반 회사의 경영자들과 직원들은 적어도 어느 정도는 세상을 염려하는 사회적 의식이 있는 사람들이므로 그들을 대할 때 "난 너보다 거룩해"라는 위압적이고 비판적인 태도는 매우 위험하다. 명심하라. 비판은 몹시 나쁜 습관이며 활발한 작곡 사역의 가능성을 잘라버린다. 이 말은 우리가 신앙, 음악, 가치를 타협해야 한다는 것이 아니라 사회나 음반 업계에서 종종 믿음이 없는 사람을 대할 때 우리의 태도를 주의해야 한다는 것이다.

4. 정기 간행물을 구독하고 워크샵과 컨퍼런스에 참석해서 다른 작곡가와 음악가와 어울려라.

당신이 이 책을 읽는 것만으로도 이미 훌륭한 시작을 한 것이다. 응원한다! 하지만 작곡 단체에 가입해서 당신의 작곡 실력을 분석하는 것이 당신이 이르고자 하는 단계로 나아가는 가장 좋은 방법이다. 많은 직업이 연합 단체가 있으며 많은 전문가의 모임이 단체를 만든다. 나는 외로운 배관공이나 목수가 다른 배관공과 목수를 만나서 344번째 지역 연합에 가입하는 상상을 한다. 의사, 변호사, 교사, 상담사들과 마찬가지로 음악가도 전문적인 단체가 있다. 컨퍼런스, 워크숍, 전문 과정 강의는 어느 분야에서든지 지식을 전달하며 현재의 경향과 새로운 기술을 배우는 중요한 행사지만 어떤 것보다 소속감, 즉 우리가 혼자 애쓰는 것이 아님을 아는 기쁨을 체험하는 것이 이런 행사와 모임의 가장 큰 유익이라고 생각한다.

창작자가 되는 것은 특히 고독한 사람에게 큰 도전이다. 당신이 작곡가 협회에 가입하지 않는다고 할지라도 다른 작곡가들과 창조적인 사람들을 만나기 위한 그룹을 찾는 것이 중요하다. 또 좋은 교회에 꾸준히 출석하면서 신실하게 신앙생활을 하는 것도 중요하다. 역사에서 창조적 공동체의 훌륭한 예를 찾을 수 있다. 유럽에서 많은 소설가와 예술가가 카페에 모여 친목을 나누며 새로운 창작의 중요한 도전을 받았다. 우리는 이것을 문학 카페, 혹은 카페 문화라고 부른다. 소속감은 우리 삶에 절대적으로 필요하다.

우리가 생산적인 작곡가가 되려면 소속감과 지원은 필수적이다. 기독교인 음악 작곡의 틈새 기사를 제공하는 아주 소수의 정기간행 잡지가 있다. 워십리더매거진Worship Leader Magazine은 지역 교회의 예배 인도 현장을 지원하는 좋은 역할을 감당했으며, 때로는 작곡 강좌를 제공하기도 했다. 이런 내용은 웹사이트(http://worshipleader. com/)에서 찾아볼 수 있다. 지금까지 현재의 음반 시장을 이해하라고 권면했으며, 다음 장에서는 음반 시장을 뛰어넘어 생각하는 법을 알아보자.

6장 음반 시장을 뛰어넘어라
DREAM, THINK, AND PLAN BEYOND THE CURRENT MARKETPLACE

"변화를 제외하고 영원한 것은 아무것도 없다." - 헤라클레이토스

(HERACLITUS)

나는 인생에서 기억에 남는 커다른 두번의 문화 변혁을 경험했다. 첫번째는 미국을 향한 영국 음악의 침공[BRITISH INVASION][1]이었다. 1964년 에드 설리번 쇼[THE ED SULLIVAN SHOW]에 출연한 비틀즈[THE BEATLES] 때문에 소리지르며 기절하는 소녀팬들의 흑백 영상을 볼 때마다 나는 획기적인 격변의 시대를 살았다는 것을 깨닫는다. 두 번째 변화는 바로 현대적인 찬양과 경배의 물결이다. 나는 인테그리티 미디어[2]에 작곡자요, 프로듀서로 참여하는 축복을 누렸다. 미국에서 엘비스 프레슬리[ELVIS PRESLEY]의 등장 이후 일어난 음악과 문화의 변화를 통해 우리가 배우는 것은 음악과 문화는 항상 계속 변한다는 점이다.

---

1. 유럽 음악에 다소 배타적이었던 60년대 미국에 영국의 대중음악이 주목 받았던 문화 현상.
2. 70년대에 지역 교회를 위한 잡지를 발간하며 부록으로 제공한 예배 실황 음악 테이프의 반응이 좋아서 80년대 중반부터 인테그리티 뮤직으로 발전했다. 호산나 뮤직 시리즈로 유명하며 현재는 인테그리티 미디어로 공식 명칭을 변경했다.

현재의 작곡 음반 시장이 어떤 분위기이고 어떻게 돌아가는지 이해하는 것이 중요한 것처럼 머지않은 미래의 음반 시장이 어떤 모습일지도 상상해 봐야 한다. 현재 상황만 집중하다 보면 미래를 대비하지 못할 수도 있다. 나는 수년간 몇몇 음반 업계 동료들과 라켓볼을 쳤다. 우리는 일과를 시작하기 전 거의 매일 아침 운동을 했는데 내 기억에 내가 이긴 경기는 한 번도 없었고 내 친구들은 나의 엉터리 실력을 견뎌야 했다. 나는 도무지 그 작은 공이 어디로 튈지 알 수 없었다. 그나마 내가 서브를 할 때 바르게 튀어 오는 공은 한두 번 맞출 수 있었지만, 벽 구석이나 아래쪽을 맞고 돌진하는 공은 치기 어려웠다. 내 실력이 좋지 못한 이유는 공의 궤적을 예상하지 못했기 때문이다. 마찬가지로 앞으로 음악이 어떻게 변할지 예상하지 못하면 우리도 대처하기 어렵다. 그러면 어떻게 해야 하는가?

예배 음악 장르를 예로 들면, 30세 이상 되는 교인은 찬양과 경배 혁명이 지역 교회 예배에 끼친 영향을 몸소 체험했다. 예배 음악으로 수백만 달러의 매출을 내는 대형 음반사들이 생겼고 마이클 W. 스미스 같은 아티스트가 상업적 성공의 선두에 섰다. 한때 1960년대 예수 운동 시대에는 혁명적이며 대중적인 음악이었던 포크 음악이 1990년대에 모던 워십으로 바뀐 것처럼, 현대 예배 음악은 또 다른 개혁이 필요한 시점이다. 많은 사람이 현대 예배 음악을 듣고 "모두 똑같다"라고 지적한다. 내 개인적으로 비슷한 음악을 만들지 않으려고 애썼지만, 현대 예배 음악의 대부분이 비슷하다는 점을 솔직히 인정할 수밖에 없다. 극소수의 작곡가와 예배 인도자가 열심히 새로운 소리, 새로운 장르로 길을 내고 있다.

나는 지난 여름에 국제적으로 유명한 강사들이 진행하는 대형 컨퍼런스에 참석했다. 행사를 위해 넉넉한 예산이 준비되었고 예산 규모에 맞는 음향, 조명, 영상 장비들 설치되었으며 음향 기술팀도 전문가였고 연주자들도 뛰어났으며 싱어들도 젊고 최신 유행으로 멋지게 차려입었다. 모든 것이 다 좋았다. 주 강사의 중 한 명의 아들이 집회의 예배 인도자였는데, 잘생긴 젊은 예배 인도자는 매일 밤 집회에서 자기 음반에 수록된 곡을 불렀다. 그 곡은 얼핏 멋있게 들렸지만, 막상 회중을 둘러보면 따라 부르는 사람이 거의 없었다. 단지 익숙하지 않기 때문이 아니라 곡이 회중의 마음을 얻지 못하는 것 같았다. 전체 예배 곡이 계속 직전에 부른 곡과 비슷했고 요즘 라디오에 나오는 곡과 아주 비슷했다. 모든 것이 좋았지만 가장 중요한 예배를 위한 선곡이 하나님을 위한 것이 아니었다.

　　젊은 예배 인도자의 자작곡이 집회에 참여한 '예배자가 되려는 사람들^{WOULD-BE WORSHIPERS}'에게 공감을 불러일으켰다면 정말 좋았겠지만, 안타깝게도 그렇지 못했다. 회중이 예배하게 만들지 못하는 예배 인도는 좋은 예배 인도가 아니다. 젊은 예배 인도자의 찬양과 경배가 끝나고 설교자가 나와 뜨겁게 말씀을 전하고 마칠 때쯤, 설교자는 무반주로 30여 년 전의 짧은 후렴구 찬양^{PRAISE CHORUSES}들을 즉흥적으로 인도하기 시작했다. 놀랍게도 잘 만든 최신 찬양에는 반응하지 않던 회중이 오래된 짧은 찬양에 마음을 열고 전심으로 노래하기 시작했으며 노래가 이어질수록 집회장의 분위기가 뜨거워졌다. 회중의 마음에 하나님을 향한 찬양이 흘러넘치는 것이 느껴졌다. 집회 장소가 하나님의 임재로 폭발할 것 같았다!

우리가 작곡한 예배 곡이 사람들에게 전혀 영향을 끼치지 못한다면, 우리는 훌륭한 예배 작곡가와 예배 인도자가 되는 데 실패한 것이다. 예배 인도자는 회중이 인도자에게 감동하게 만들면 안 되고 회중이 하나님께 노래하고 하나님께 감동하게 해야 한다. 슬프게도, 이것이 현재 예배 음반 시장의 상황을 보여준다. 예배 집회도 많고, 예배 사역도 많으며 수많은 음반과 음원이 쏟아져 나오고 있지만 안타깝게도 음악을 듣는 사람들을 하나님께 이끌지 못하고 있다.

나는 천편일률적인 음악과 지나친 쇼맨십으로 가득 찬 모든 것에 반발하는 새로운 움직임이 곧 있을 것이라고 예상한다. 랜드 콜렉티브REND COLLECTIVE라는 예배팀은 새로운 움직임의 좋은 예다. 랜드 콜렉티브는 2002년 북아일랜드에서 결성된 예배 밴드로서 민속 음악에 모던 락을 결합한 새로운 음악을 시도했으며 5~6명의 구성원 외에도 다양한 객원 구성원과 동역하며 회중이 쉽게 따라 할 수 있는 "캠프 파이어" 시리즈 음반으로 좋은 반응을 얻었다. 이런 그룹이 몇 안 되는 선두주자들이지만 장담하건대, 젊은 세대에서 더 많은 움직임이 있을 것이다. 우리는 이 새로운 움직임을 어떻게 준비해야 할까?

"우리가 작곡한 예배 곡이 사람들에게 전혀 영향을 끼치지 못한다면, 우리는 훌륭한 예배 작곡가와 예배 인도자가 되는 데 실패한 것이다."

음악 장르를 연구하는 것은 그 장르가 어떻게 시작되어 언제 유행하고 언제 사그라드는지 또 언제 다시 수면 위로 올라오는지 이해하는 가장 좋은 방법이다. 음악 장르는 과거와 현재와 미래가 있다.

우리가 다양한 음악의 기반과 역사를 이해하는데 시간을 투자하면, 다양한 음악 장르의 미래에 동참할 더 많은 기회를 얻을 수 있다.

현재를 넘어 미래를 꿈꾸고 준비하는 몇 가지 방법

1. 용기를 가지고 꿈을 꾸라

성경은 "비전(계시, 묵시)이 없으면 백성이 제멋대로 행동한다." (잠 29:18)고 말씀한다. 이 구절에서 제멋대로라는 단어를 영어로 PERISH라고 하는데 '멸망하다, 기능을 잃어버린다' 라는 의미도 있다. 이 의미로 보면 이 구절을 "꿈이 없는 작곡가는 다른 사람에게 들려줄 노래를 쓸 수 없다"라고 이해할 수 있다. 작곡하는 꿈을 꾸는 것은 작곡만큼 중요하며 어쩌면 작곡보다 더 중요하다. 작곡하는 꿈 없이 어떻게 작곡을 시작하는가? 꿈은 하나님께서 우리의 삶을 격려하시는 한 방법이다. 우리의 꿈이 죽으면 예상하는 것보다 다양한 방식으로 우리는 "멸망"한다. 꿈꾸는 것 즉 비전을 품는 것은 절대 사치가 아니며 부르심을 이루는 데 꼭 필요하다.

우리가 참고할 또 다른 구절은 히브리서 11:1, "믿음은 바라는 것들의 실상ASSURANCE 확신이요, 보이지 않는 것들의 증거CONVICTION 확증이다"라는 말씀이다. 우리가 훌륭한 기독교인 작곡가가 되려는 소망이 없으면, 그 소망을 이루려고 노력도 안 할 것이고 결국 아무 일도 안 일어날 것이다. 모든 것은 꿈에서 출발한다. 당신이 훌륭한 기독교인 작곡가가 되려면 어떻게 해야 하는가? 나는 좋은 노래를 듣거나 책을 읽으면서 영감INSPIRED을 얻는다. 노래의 가사와 책의 단어 하나하나가 내 영혼을 울릴 때, 다른 사람의 영혼에 감동을 줄 가사와 음악을 쓰는 꿈으로 마음이 가득 채워진다. 내가 쓴 많은 곡이 다른 사람이 쓴 좋은 노래와 책을 듣고 읽으며 만든 것이다. 이것은 단지 비슷한 노래를 만든다는 의미가 아니라, 영감INSPIRATION, 즉 "영적인 이어짐TO BE IN-SPIRITED" 또는 성령으로 충만해진 것을 말한다. 이런 내 생각을 뒷받침하는 좋은 단어는 열광ENTHUSIASM인데, 헬라어로 IN-THOES, 또는 하나님으로 충만해 짐TO BE GOD-FILLED이란 단어에서 파생되었다. 우리가 열광한다는 것은 단지 들뜬 분위기가 되는 것이 아니라 하나님의 꿈GOD-DREAM으로 채워지고 성령으로 충만해진다는 의미다. 꿈이 없으면 열정과 소망이 사라진다. 꿈을 꾸라. 무엇보다도 꿈을 꾸라.

2. 더 좋은 것을 생각하라

> 너희는 하나님으로부터 나서 그리스도 예수 안에 있고 예수는 하나님으로부터 나와서 우리에게 지혜와 의로움과 거룩함과 구원함이 되셨으니 (고전 1:30)

고린도전서 1:30은 예수님께서 우리의 지혜, 의로움, 거룩함, 구원되신다고 말한다. 바울은 또 다른 구절에서 "우리가 그리스도의 마음을 가졌다(고전 2:16)"고 한다. 이 말씀들은 굉장히 파격적이며 익숙하지 않지만, 우리가 경험할 영적인 실제를 말한다. 우리는 우리의 생각보다 더 고차원적인 생각을 하도록 창조되었다. 우리가 다른 사람들의 마음이 하나님께 향하게 만드는 노래를 쓰려면, 먼저 작곡자의 마음과 생각이 차원 높은 영역으로 올라가야 한다. 우리가 다른 사람에게 현재보다 더 고귀한 것이 있다는 깨달음과 영감을 주려면 우리가 고귀한 생각을 해야 한다. 하지만 더 긍정적이고 좋은, 차원 높은 생각을 하는 데에는 큰 노력이 필요하며 영적, 정신적, 육체적으로 모든 기준에서 더 나은 삶을 살 필요가 있다. 이 세 가지 삶의 요소는 섬세하게 엮여 있어서 때로는 산책이 금식과 기도만큼 영적인 일이 되기도 한다. 또 정신적으로 건강한 삶을 살면서 냉소적이고 비꼬는 태도가 우리의 생각을 오염시키지 않게 하는 것이 건강한 노래를 작곡하는 비결이다. 때때로 현재 음반 시장의 어두운 면에 얽매이지 않는 것이 우리의 삶을 전반적으로 더 풍성하게 만들고 성령님의 인도를 받는 삶으로 이끈다. 예수님께서 '지혜로운 처녀들'의 비유에서 주인이 돌아올 때를 준비하며 기다리라고 하셨다. "준비된 삶"은 당신이 작곡자로서 겪을 모든 변화에 준비되었음을 의미한다.

3. 현재의 시장을 뛰어넘어 계획하라

낯설게 들리겠지만 작곡은 작은 사업이며 당신은 최고경영자(CEO)이다. 모든 탁월한 최고경영자는 바쁜 시간을 쪼개어 미래를 계획하는데 투자한다. 나는 우리도 그렇게 해야 한다고 생각한다. 성공적인 작곡가가 되고 싶다면, 미래의 시장 상황에 대비할 최선의 계획을 세워라. 앞서 말한 것처럼 현재 음반 시장을 이해하는 것부터 시작해서 음악적인 변화들, 예를 들어 예배음악 장르가 과도한 편곡에서 어쿠스틱 중심으로 변해가는 것 같은 미래적인 조건을 예상해 보는 것이다. 이러한 태도는 우리가 음원 사이트를 검색하거나 영화나 텔레비전을 볼 때 문화적 변화를 포착하는 데 도움이 된다. 우리가 마음을 열고 음악에 집중하면 미묘한 변화를 보고 듣고 느낄 것이며, 그 변화에 따라 당신의 작곡도 적절히 조절할 수 있다. 한편으로는 안타깝지만 또 다른 한편으로는 다행인 것은 기독교 음악계가 일반 음악 시장보다 몇 년 정도 늦게 따라가는 경향이 있다는 것이다. 다가오는 변화에 대비하면서 뒤처지지 않게 노력하라.

기독교인의 믿음으로 섭리PROVIDENCE라고 부르지만 성공적인 작곡은 실력 혹은 행운이라고 부르는 것이 조금씩 섞여 있다. 작곡가의 임무는 작곡에 필요한 모든 요소에 민감해지고 그 후에 주님의 섭리가 우리에게 임하기를 기도하는 것이다. 나는 이쯤에서 한 구경꾼이 골프의 전설 개리 플레이어GARY PLAYER에게 얼마나 "운이 좋은지" 물어본 이야기가 떠오른다. 개리의 대답은 "글쎄요, 제가 더 열심히 연습할수록, 운이 더 좋아지죠"였다. 이 이야기는 우리 작곡가에게도 맞는 이야기다. 우리가 더 연습할수록 성공적인 곡을 더 많이 쓸 기회가 생긴다. 어떤 면에서 작곡은 얼마나 많은 곡을 쓰는지의 싸움과 같다. 바라건대, 우리가 삶에서 작곡자의 정신력과 생활방식을 꾸준히 발전 시켜 나가면 흔히 말하는 자기만의 "독창적 스타일"이나 "소리"를 하나님의 섭리 안에서 발견할 것이다.

7장 지혜로운 독창성을 개발하라
DEVELOP INTELLIGENT ORIGINALITY

"독창성은 정말 중요하다." - 짐 캐리(JIM CARREY)

좋은 작곡에서 독창성을 대신 할 수 있는 것은 없다. 세상에 가 득한 안 좋은 노래를 보면 다시 한번 독창성의 중요성을 절감한다. 우리(기독교인 작곡가)가 그리스도 안에서 고백하는 진리를 담은 음악 의 수준 낮음을 보며 세상이 절망적으로 울부짖는 소리가 들리는 가? 우리가 세상 음악과 다른 것이 하나도 없는, 독창성 없는 음악 에 진리를 담는 것에 아무런 부끄러움이 없다면 회개해야 한다. 고 민 없이 대충대충 만들어서 감동이 희석된 쓸모없는 노래들은 하나 님의 나라를 세우기보다는 피해를 줄 뿐이다. 이것이 내가 외치는 주제다. 나는 세상에 나쁜 곡을 없애기 위한 시위를 하는 셈이다. 나는 작곡가를 꿈꾸는 여러분에게 왜 작곡을 하는지, 여러분의 작곡 에 어떻게 더 훌륭한 독창성을 추구해야 하는지 도전하고 싶다. 나 는 여러분이 할 수 있다는 것을 안다. 나는 여러분을 믿는다.

옛 속담에 "어떤 사람의 쓰레기가 다른 사람에게는 보물이다." 라는 말이 있듯이 독창성도 그렇다. 독창성은 단순하게 비교할 수 없을 정도로 다양하다. 세상 음악에서 유명한 레이디 가가를 보자. 레이디 가가를 향한 모든 도덕적 판단은 뒤로하고, 레이디 가가는 전 세계적으로 1억 2천 8백만 장의 음반을 판매한 상징적인 팝스타이며 음악계에서 가장 유명한 여성 가수 중 한 명이고, 획기적인 독창성을 가진 가수로서 많은 상을 탔으며 세계적인 명성을 얻었다. 하지만 모든 사람이 레이디 가가를 좋아하는 것은 아니다. 가가는 수준 높은 연주자와 음악가들과 함께 작업하면서 음악적으로 증명된 뛰어난 가수이지만, 우스꽝스러운 풍선 드레스와 기괴한 생고기 드레스가 많은 사람에게 혐오감을 주었다. 당신이 레이디 가가를 좋아하든 싫어하든, 레이디 가가는 팝 문화의 최전방에서 사람들을 끌어당기는 독창성의 명백한 증거다. 기독교 음악에는 누가 있는가?

예수님은 누가복음 16장에서 청지기 비유를 말씀하셨다. 이 비유는 사람들이 왜 예수님께서 정직하지 않은 청지기를 칭찬하셨는지 이해하기 어려워하는 내용이다. 이 비유에서 부자 주인은 청지기가 재산을 낭비한다는 소문을 듣고 청지기를 추궁한다. 청지기는 자기 자리를 지키려고 재빨리 주인에게 빚진 사람을 다 불러서 빚을 탕감해 줌으로써 살길을 만들었다. 사실상 청지기는 회계장부를 조작한 것이다. 이 이야기에서 예수님은 "주인"의 목소리로 청지기를 칭찬하시며 이르시기를, "주인이 이 옳지 않은 청지기가 일을 지혜 있게 하였으므로 칭찬하였으니 이 세대의 아들들이 자기 시대에서는 빛의 아들들보다 더 지혜로움이니라"라고 하셨다(8절). 예수님은 청지기가 한 일 자체를 잘했다고 칭찬하셨다기보다는 무력하게 가만히 있지 않고 무엇이라도 하려 했다는 점을 칭찬하신 것이다. 청지기는 행동했다. 브레넌 매닝은 자신의 책 "그리스도를 뵈오며"에서 신학자 존 셰어[JOHN SHEA]를 인용한다.

> "불의한 청지기는 해고 당할 것을 알고 주인에게서 다른 일자리라도 얻으려고 주인의 장부를 조작했다. 행동했다는 면에서는 제대로 칭찬받을 만한 일이었다. 핵심은 도덕이 아니라 무관심[APATHY]이다. 이 비유는 위기에 빠진 자신을 알고 자기연민에 빠지는 대신 지혜롭게 행동한 청지기의 이야기다."

내 생각도 존 셰어의 요점과 같다. 우리의 노래로 세상이 더 아름답게 변하기를 바란다면 소망을 품기만 할 것이 아니라 곡을 써야 한다. 우리의 선한 소망과 의지를 실천할 때 현실이 된다. 작곡가들이 좋은 노래를 더 많이 만들어야 한다. 주목받는 작곡가가 되고 싶다면 독창성은 매우 중요한 작곡의 기본이다. 세상은 혼란하고 소란스러운 불협화음으로 가득 차 있지만 독창성은 더 명확한 진리를 담은 아름다운 소리로 세상의 불협화음을 꿰뚫는다. 자, 한번 생각해 보자. 만일 우리가 아무것도 하지 않는다면 과연 무슨 일이 일어날까? 아무 일도 일어나지 않는 정도가 아니라 우리를 통해 나올 곡이 세상에 들려질 기회도 사라지고 위로와 격려가 필요한 사람에게 감동을 전할 수도 없으며 일반 방송에 넘치는 뻔하디 뻔한 노래에 둘러싸일 것이다. 우리는 지혜롭게 독창성을 사용해야 한다. 레이디 가가가 실천한 독창성을 다른 사람이 그대로 따라 한다고 해서 같은 대접을 받을 수 없다.

독창성을 추구하는 세 가지 방법

1. 현상 유지STATUS QUO를 거부하라

비슷한 것을 계속 반복하는 것을 현상 유지라고 부른다. 혹시 당신이 기타나 피아노로 곡을 쓸 때, 어떤 곡을 써도 반드시 나오는 비슷한 코드 진행이 있는가? 또 노래는 다르지만 반복해서 등장하는 비슷한 주제나 단어가 있는가? 혹은 같은 음악만 듣는가? 음악을 만들 때 사람들이 "받아들일 것"과 "받아들이지 않을 것"을 기준으로 받아들여지기 어려운 시도나 생각은 무엇이든 덮어 버린다면 그것이 바로 현상 유지 상태다. 또 자신의 정치, 종교, 사회적 가치관과 맞는 사람들과만 어울리는 것이 현상 유지다. 현상 유지에 빠지면 독창성이 나올 수 없으며 현상 유지를 뚫고 나와야 독창성이 발휘된다. 작곡에서 당신이 지금까지 잘하지 않았던 것을 시도하라. 단 한 개의 코드 진행, 단 한 줄의 가사, 단 한 곡부터 시작하라. 필요하다면 잘 안 읽던 책을 읽는 것도 도움이 된다. 그렇다고 영혼에 부정적인 영향을 주는 것이나 죄가 되는 것 말고 신앙 양심에 거리끼지 않는 것 중에서 새로운 영감을 주는 것을 찾아보라.

> *"현상 유지에 빠져 있으면 독창성이 나올 수 없다.*
> *현상 유지를 뚫고 나와야 독창성이 발휘된다."*

나는 설교에서 우리 삶에 죄짓게 하는 요소를 "반대 정신"으로 이겨야 한다는 이야기를 자주 들었다. 예를 들어 누군가 당신을 미워한다고 하자. 그 미움을 극복하는 방법은 당신을 미워하는 사람이 어떻게 행동하든 간에 정반대의 마음과 태도로 그들을 사랑하기로 선택하는 것이다. 현상 유지에서 벗어나려면 현상 유지의 반대인 개방성, 창의성, 모험심을 품고 용감하게 행동해야 한다. "정신 이상^{INSANITY}이란 다른 결과를 기대하면서 계속 같은 일을 하는 것이다."라는 옛 격언은 정말 맞는 말이다. 우리가 항상 했던 낡은 방식으로 작곡하면 결국 낡은 결과만 나올 것이다. 그러나 단 한 줄이라도 독창성을 가지고 창의성을 발휘하기 시작하면, 새로운 것이 나온다. 똑같은 노래를 반복해서 쓰지 말고 안 쓰던 주제를 써보라. 예를 들면 당신의 배우자나 자녀를 위한 사랑의 노래 같은 것 말이다.

또 필요하다면 셰익스피어나 앤 라모트 같은 작가의 작품을 읽어보라(이 두 사람이 같은 수준이라는 것은 아니다!). 혹은 고등학교 때 들었던 음반을 다시 듣거나 예전에는 가지 않았던 길로 산책을 가보라. 당신의 평범한 일상과 다른 것을 시도하고 그것이 당신의 영혼에 얼마나 독창성을 일깨우는지 살펴보라. 두려워하지 말고 창의성을 따라가라. 하나님은 우리가 불과 물을 통과할 때도 지키시고 보호하시는 위대하신 분이시다. 우리가 새로운 산책로를 가는 것쯤은 아무 문제가 안 된다. 사실 우리가 독창성을 위해 새로운 시도를 하는 것이 우리의 작은 삶에 제한받으시는 주님을 자유롭게 해 드리는 것이다. 이제 주님께서 얼마나 창조적인 분이신지 지켜보라. 주님과 함께라면 절대 현상 유지에 머무르지 않을 것이다.

2. 독창성을 키워라

독창성은 타인이 만들어 주지 않는다. 독창성을 키우는 것은 전적으로 당사자에게 달려 있다. 작곡가들이 곡을 발표하지 못하는 첫 번째 이유는 곡을 쓰지 않기 때문이며 두 번째 이유는 이전에 이미 발표된 곡과 비슷한 곡을 쓰기 때문이다. 작곡가에게는 독창성이 필요하다. 나는 하나님께서 여러분을 위한 더 좋은 독창성을 준비하셨다고 믿는다. 우리 삶의 모든 선한 것은 마치 아이들처럼 관리하고, 양육하고, 보호하고, 관심 있게 지켜봐야 한다. 만일 우리 삶의 선한 것을 방치하면 우리의 창의성과 독창성이 메말라서 정작 필요할 때 사용할 수 없다. 철인 3종 경기를 하는 친구에게 어떻게 그렇게 힘든 경기를 할 수 있냐고 물어볼 때마다 친구는 나에게 "글쎄, 자네가 가장 하고 싶은 것을 위한 자리를 삶에 만들어 봐"라고 대답한다. 만일 당신이 훌륭한 작곡가가 되려면 독창성을 키워라.

3. "다르기 위해 다른 것"이 반드시 좋은 것만은 아니다.

지혜로운 독창성은 우리의 이야기를 신선한 방법으로 전달하도록 돕는다. 당신이 만든 음악의 대상에 따라 적용이 달라진다. 예를 들어 기독교 음악에 레이디 가가$^{LADY GAGA}$ 스타일을 접목하는 것은 그리 좋은 선택이 아니다. 반대로 일반 음악계에 접근할 때도 지나치게 종교 음악 같은 분위기를 내는 것도 좋은 선택은 아니다. 나는 개인적으로 레이디 가가가 일으키는 논란과 별개로 아주 재능 있는 가수라고 생각한다. 레이디 가가는 제대로 노래할 줄 안다. 이것은 단지 발성과 창법의 이야기가 아니다. 레이디 가가는 무대에서 더 돋보이는 방법을 안다. 레이디 가가의 음악 재능과 무대 매너는 탁월하다. 나는 우리가 레이디 가가의 탁월함을 배워 하나님께 영광 돌리는 우리의 예술에 어느 정도 참고할 수 있다고 생각한다.

기독교 음악계에도 잘즈 오브 클레이^{JARS OF CLAY}나 레니 크라비츠^{LENNY KRAVITZ} 또는 유투처럼 세상에 꿀리지 않는 독보적인 팀과 가수가 나온다. 세상에서 최고의 음악가들과 경쟁하면서 믿음을 지키며 독실한 신자로 사는 것은 어렵지만 그렇다고 불가능한 것은 아니다. 내가 아는 많은 가수와 작곡가들은 어떤 상황에서도 하나님을 증거하기 위해 항상 신선한 감각과 영성을 유지하려고 애쓴다. 나는 다음 장에서 우리가 창조적인 상태를 유지하는 방법을 나눌 것이다.

"독창성은 타인이 만들어 주지 않는다.
독창성을 키우는 것은 전적으로 당신에게 달려 있다."

8장 숨겨진 영감과 창의성으로 들어가라
TAPPING INTO HIDDEN INSPIRATION AND CREATIVITY

"당신의 말과 당신이 한 일은 언젠가 사람들에게서 잊힐 것이다. 하지만 당신이 그들에게 준 느낌은 절대 잊히지 않을 것이다." - 마야 안젤로(*MAYA ANGELOU*)

나는 오랜 시간 많은 작곡가, 가수, 연주자들과 함께하면서 그들이 잠재력을 끌어올리도록 도왔다. 그들은 풍부한 영감과 집중된 창의성을 유지하기 위해 싸웠다. 어떤 사람은 오랫동안 곡을 쓰지 못한 공백기 때문에 힘들어했는데, 나도 삶에서 약간의 힘든 상황을 겪은 후 최근에 새로운 영감과 창의성을 발견하기까지 거의 9년 동안 곡을 쓰지 못했기 때문에 이 공백기가 어떤 느낌인지 정확히 안다. 지난 9년 동안 내가 무엇에 "막혀 있었는지"는 확실하지 않지만, 작곡 감동이 전혀 떠오르지 않는 힘든 시기를 통과했다. 하지만 나는 내가 겪은 시련 속에도 하나님께 감사했으며, 지금은 다시 노래로 나를 표현하는 가장 깊이 있는 영감과 창의성을 새롭게 발견했다. 이 시기를 통과한 후 만든 나의 새 음반 "Beauty Will Save the World"를 여러분에게 추천한다.

나는 여러분도 멈추지 않고 계속 새로운 곡을 쓸 수 있다고 믿는다. 어쩌면 지금 당장은 감동이나 영감이 전혀 없는 것처럼 느껴질지도 모른다. 하지만 여전히 우리가 찾고 누려야 할 영감과 창의성이 상상할 수 없을 정도로 많이 남아 있다. 우리에게 필요한 것은 이 넘치는 영감과 창의성의 존재를 믿고 하나님께 구하며 받아 누리는 것이다. 사람들은 굉장히 다양한 동기로 곡을 쓴다. 나는 개인적으로 곡을 쓸 때 내가 경험한 진리가 감정을 뚫고 나올 때를 포착해서 표현했다. 나는 깊은 감정이 깊은 작곡으로 이어진다고 생각한다.

우리가 하나님께 드릴 찬양을 쓰던, 신학 개념을 설명하기 위한 곡을 쓰던, 우리가 표현하려는 주제에 분명한 믿음이 있다면 더 확신 있게 작곡할 것이다. 우리는 "종교적인 태도"를 유지하면서 기독교계의 청중과 소통하려는 재능 있고 숙련된 작곡가들이 쓴 곡을 많이 들었다. 하지만 이상하게도 그 노래들이 만족감을 주지 못할 때가 있다. 가사는 기독교적으로 틀린 것이 없지만 핵심적인 "무언가"가 없다. 하지만 어떤 노래는 매우 단순한 구조와 화성이지만 큰 감동을 주는 영적인 정서를 담아 많은 사람에게 영향을 끼친다.

"내 날개 아래의 바람^{WIND BENEATH MY WINGS}"이나 "날 세우시네^{YOU RAISE ME UP}"를 생각해 보라. 이런 영적인 성향을 가진 명곡은 우리에게 하나님의 모습을 일깨워준다. 특히 서구 문화권에서 하나님을 지칭하지 않지만 풍부한 감동을 전달하는 노래가 많다. 우리가 만드는 노래가 모든 사람에게 긍정적인 영향과 영감을 준다면 얼마나 좋을까? 또 우리가 명백히 기독교적인 노래를 만들 때, 반드시 성경의 근거와 신학적 정확성과 영적인 균형이 있어야 한다. 단순히 감각적으로 끌리는 노래를 만드는 것이 기독교 작곡의 목표가 되면 안 되고, 매혹적인 감각에 성경의 진리를 담으려는 탁월한 음악 기술과 주의 깊은 관찰과 묵상이 필요하다.

"깊은 감정이 깊은 작곡으로 이어진다."

이번 장을 시작하면서 인용한 마야 안젤루의 말과 내가 영감을 주는 노래를 설명한 것처럼 사람들은 마음 깊이 감동하기를 원한다. 사람들이 먼저 기억하는 것은 우리의 노래가 주는 느낌이다. 우리가 쓴 곡의 성공은 듣는 이가 그 곡을 들으면서 어떻게 느끼는가에 달려 있다. 우리가 아무 감동 없이 다른 곡과 전혀 다를 것 없는 곡을 억지로 힘들게 만들어서 발표하면 사람들도 우리의 음악에 어떤 흥미나 감동도 느끼지 못한다. 이 말은 미디어나 교회에서 새로운 노래를 부를 때 만일 우리의 곡이 사람들의 마음에 감동을 주지 못하면, 눈 깜짝할 새 보다 더 빨리 잊힐 것이라는 뜻이다. 이런 현실이 때로는 정말 가혹하게 느껴지지만, 이것은 모두 사실이다. 한번 생각해 보자. 만일 우리가 쓴 곡이 우리도 감동시키지 못한다면 왜 누군가가 우리의 노래를 듣고 감동하리라 생각하는가? 노래란 텔레비전 광고 같아서 4초 안에 듣는 사람을 끌어당기지 못하면 이미 게임은 끝난 것이다. 사람들은 자기 마음에 들지 않는 음악에 눈곱만큼도 인내심이 없다. 데일 카네기DALE CARNEGIE는 대표적 저서인 "친구를 얻고 사람들에게 영향을 주는 법"에서 이렇게 말한다.

"내가 딸기와 크림을 아주 좋아한다고 모두가 그렇지는 않다. 내가 낚시할 때는 내가 좋아하는 것을 기준으로 물고기를 잡는 것이 아니다 물고기가 좋아하는 것으로 잡는 것이다. 나는 미끼 고리에 내가 좋아하는 딸기와 크림을 걸지 않고 물고기가 좋아하는 벌레를 걸고 '너희들 이거 좋아하지 않니?' 라고 말했다. 왜 우리는 사람을 낚으려 할 때 이런 당연한 상식을 사용하지 않는가?"

이 예화를 기독교 작곡에 적용해 보자. 우리는 "내가 외쳐야 할 예수님의 진리는 무엇일까? 내가 만드는 노래를 듣는 사람들이 하나님을 향한 굶주림이 있다면 나는 어떻게 그들과 소통할 수 있을까?"라고 스스로 질문해야 한다. 뛰어난 심리치료사 칼 로저스^{CARL ROGERS}는 "가장 개인적인 것이 가장 보편적이다." 라고 말했다. 우리가 뭔가를 느끼면, 다른 사람도 그것을 느낀다. 우리가 작곡할 때 깊은 감정으로 들어가면 다른 사람의 깊은 감정에 연결될 가능성이 커진다. 이것은 곧 당신의 내면에 이미 깊은 영감과 창의성이 있다는 말이다. 그런데 왜 나타나지 않을까? 역사에서 한 작곡가에게 영감을 주는 존재 ^{MUSE}는 보통 외적인 힘이나 사람이었다[1]. 그러나 <u>기독교 작곡가는 세상 사람처럼 "천재성"이나 "외적인 힘"이 근원이 아니며 우리가 믿는 예수님과 우리 안에 거하시는 성령님의 임재와 능력이 영감의 근원이다.</u> 지금 이 부분이 이번 장에서 가장 중요한 부분이다. 우리가 이 개념을 이해하고 매일 훈련하면 작곡뿐만 아니라 하나님과 사람들과의 관계도 더 깊어지고 더 많은 기쁨과 자유가 임할 것이다.

1. 더 자세한 정보는 엘리자베쓰 길버트 Elizabeth Gilbert의 "당신의 찾기 힘든 천재성(Your Elusive Genius)"이라는 TED 강의를 보라

우리가 하나님과 친밀한 교제 안에 있을 때, 우리를 둘러싼 모든 관계에 하나님의 사랑과 공의가 드러날 것이다. 우리 마음에 계신 예수님께서 모든 것을 변화시키시는 분이라고 믿으면서 왜 우리의 작곡은 변화시키실 수 없다고 단정하는가? 믿음을 가져라. 우리의 주님은 우리의 모든 것을 변화시키시는 분이다. 우리가 하나님의 영광을 위해 작곡하면서 아름다운 석양[sunset]이나 동시대의 다른 음악과 드라마에만 의존한다면, 우리 마음속 성령님의 임재는 말할 것도 없고 지난 3천년 간 있었던 유용한 자원을 놓치는 것이다. 사도 바울과 복음서 저자들, 십자가의 요한[ST. JOHN OF THE CROSS], 순교자 유스티누스[JUSTIN MARTYR], 이레나이우스[IRENAEUS], 아빌라의 테레사[THERESA OF AVILA] 등 수 많은 하나님의 사람이 경험한 신비한 하나님의 임재를 기록으로 남겼다.

더 나아가 하나님은 수많은 현대 작가들에게 탁월한 영감을 나누어 주셨다. 물론 이것이 현대 작가들이 성경과 견줄만한 글을 썼다는 의미는 아니다. 하지만 우리는 좋은 작가들의 은혜로운 책과 글을 통해 도움을 받을 수 있다. 기독교 작곡가와 예배 인도자는 읽는 사람이 되어야 한다. 사실 우리의 영감[INSPIRATION]이 부족한 것은 우리가 영적으로 나태하거나 감정적으로 메말랐거나 육체적으로 게으르기 때문이다. 나는 성경을 포함해서 앞서 말한 작가들의 책을 부지런히 볼 때마다 하나님께서 어떻게 우리의 마음을 녹이시고 고난 중에 보호하셨는지 기억하며 은혜에 잠기며 그 은혜를 즉시 곡으로 쓰고 싶은 마음이 생긴다. 과장이 아니라 정말 그렇다. 내가 영감받았다고 느낄 때, 혹은 성령의 감동으로 충만하다고 느낄 때 내 안에 창의성도 급격히 증가하기 때문에 작곡하지 않을 수가 없다.

참된 영감과 창의성의 근원은 우리가 믿는 하나님이시다. 우리의 호흡과 심장 소리만큼 가까이 계신 성령님이 우리의 근원이시다. 우리 안에 계신 주님의 임재가 우리에게 영감을 주신다. 우리의 하나님은 원하는 사람에게 풍성하게 나누어 주시는 충만하신 하나님이시며 수천 년에 걸쳐 수많은 사람에게 새로운 영감을 불러일으키는 새로운 노래와 책을 쓰도록 감동하셨다. 우리가 은혜로운 글을 읽고 노래를 들을 때 창의성이 증가한다. 아주 최근에 우리 교회에서 목사님이 미국을 건국한 시조 중 한 명인 존 로빈슨 목사[2]의 책 일부분을 읽어주셨다. 로빈슨 목사는 1620년경 처음 청교도 순례자들을 네덜란드에서 신대륙으로 "파송한 목사"였다. 우리는 교회에 앉아서 목사님이 읽어주시는 것을 들었다.

"우리는 날마다 하나님을 향한 우리의 회개를 새롭게 해야 한다. 특히 우리의 알려진 죄와 알려지지 않은 허물을 회개해야 한다... 죄는 진정한 회개와 주님의 용서로 없어지기 때문이다... 모든 위험에서 안전하고 평안하며 모든 고난에도 주님의 위로하심이 은은히 있기를."

인상구에 민감한 내가 "모든 고난에도 주님의 위로하심이 은은히 있기를"이란 문구를 들었을 때, 마음에 가사가 떠올랐다. 나는 스마트폰 앱에 "예수, 죄인들의 친구JESUS, FRIEND OF SINNERS"라는 가사를 적었다.

---

2. 영국의 청교도들로 하여금 메이플라워(MAYFLOWER) 호를 타고 미 대륙으로 가도록 파송한 뒤 본인도 후에 따라갈 예정이었으나 그 전에 갑자기 심한 병에 걸려 네덜란드에서 사망함.

예수, 죄인들의 친구

고난 중에 주님의 위로하심이 은은하며
주님 품 안에 순수한 열정이 있네
친절하고 온유하시며, 안식을 주시는
예수, 죄인들의 친구

우리를 꼭 붙들어 주시는 주님의 강한 팔
우리 귓가에 진실하신 주님의 약속
우리 마음의 기쁨, 주님의 임재가 여기 있네
예수, 죄인들의 친구

즐거울 때도 친구시며, 수치스러울 때도 친구시라
나의 이름을 부드럽게 부르시는 친구
무슨 일이 있어도 영원한 친구
예수, 죄인들의 친구

주님의 눈에 깃든 부드러운 자비
절대 사라지지 않는 끝없는 사랑
하늘보다 높고 한없는 은혜
예수, 죄인들의 친구

존 치섬 곡, 2015년 11월 23일 작사

COPYRIGHT 2015 BY DONNALUV MUSIC/ASCAP. ALL RIGHTS RESERVED.

정말 한순간에 가사를 완성했다. 요점은 이 가사 때문에 무슨 일이 일어났느냐가 아니라 영감을 통해 불과 몇 분 만에 전체 가사를 포착하고 기록했다는 것이다. 나는 내 영감과 창의성의 근원이 예수님이라는 것을 안다. 우리는 평생 성경을 배우는 학생이며 매일 주님의 임재 안에 머무는 훈련을 해야 한다. 하지만 때로는 우리 모두 인생의 어둡고 메마른 시기를 통과한다. 중요한 것은 인생에서 힘든 시간이 영원하지 않다는 점이다. 힘든 시기는 결국 지나간다. 우리가 간절히 원하면 하나님은 새로운 차원의 작곡을 하도록 우리의 영감에 다시 불붙이신다. 하나님은 사람들이 하나님의 선하심을 체험하도록 돕는 훌륭하고 아름다운 재능을 우리에게 주신다. 당신이 무언가를 듣고 소망, 기쁨, 사랑, 공감, 평안함이 마음에 깃든다면 우선 그 감동을 적어두고 나중에 다시 점검해 보라.

창의성의 참된 근원이신 하나님께 나아가는 세 가지 방법

1. 좋은 기독교인 작곡가는 성경 말씀을 배우는 학생이다.

모든 성경 구절이 좋은 현대 가사가 되는 것은 아니지만 여전히 성경은 기독교 음악의 기준이다. 어떤 좋은 노래라도 기독교 교리를 충실하게 반영하지 않으면 교회에 받아들여지지 못한다. 그러므로 훌륭한 기독교 작곡가는 성경 말씀을 배우는 평생 학생이며 겉으로 복음이 드러나지 않는 곡이라도 노래 속에 복음의 가치를 표현하는 기술이 있다. 기독교 작곡가는 하나님과 성경의 믿음을 영화롭게 하는 방법으로 기독교적인 가치와 세계관을 반영한다.

2. 좋은 기독교 작곡가는 예수님과의 관계를 기반으로 작곡하며 가장 깊은 영감과 창조의 근원이신 하나님을 절대 놓치지 않는다.

좋은 기독교 작곡가는 좋은 곡을 쓰는 데 하나님과의 좋은 관계가 필수적인 요소라는 것을 안다. 모든 작곡가가 메마른 시기를 통과할 때 좋은 작곡가는 영감을 기다리지 않고 모든 영감과 창의성의 참된 근원 되시는 예수 그리스도의 임재를 적극적으로 구한다. 좋은 작곡가는 석양과 별이 빛나는 하늘에 감사하며 적극적으로 성령님의 음성 듣기를 배우고 창의성의 "더 큰 것(요 14장)"으로 예수님의 복음을 전달한다.

3. 좋은 기독교 작곡가는 고전 기독교 작가들과 지도자들이 남긴 자료를 활용한다

좋은 작곡가는 새 곡을 쓸 때 수천 년간 전해 내려온 기독교 전통에서 영감을 주는 문장을 찾는다. 훌륭한 작곡가는 방대한 기독교 전통 안의 모든 유형의 뛰어난 작품에서 할 수 있는 한 많은 것을 얻는다. 좋은 작곡가는 교회 예배의 설교에 주의를 기울이면서 가사에 영감을 주는 시적인 느낌을 포착한다. 좋은 작곡가는 영적으로 나태하거나 감정적으로 느슨하지 않으며 역사에서 작곡가들에게 영감이 되었던 단어에 담긴 무한한 가능성에 의욕적으로 접근한다. 지금까지 우리 안에 있는 창조적인 기술을 활용하면서 치열한 작곡 시장에서 돋보이는 검증된 비결을 전부 살펴보았다. 이제 이 비결을 바로 여러분의 작곡 작업에 적용하면서 즉각적인 결과를 보는 몇 가지 나눔으로 이 책을 마치려 한다. 마지막 장을 놓치지 말라.

9장 지금 당장 이 전략을 작곡에 적용하라
PUTTING THESE STRATEGIES TO WORK

"우리는 지금 새해를 맞이한다. 우리 앞에 지금까지 존재하지 않았던 새로운 것이 가득하다." - 라이너 마리아 릴케(RAINER MARIA RILKE)

나는 2016년 1월 1일에 이 장을 마무리했다. 새해 첫날은 사람들의 "새해 결심"과 뗄 수 없는 시기다. 새해 결심은 새해를 맞이하여 살을 빼거나 돈을 저축하는 등 평소에 유지하지 못한 결심을 실천하는 약속으로 이루어진다. 나는 체육관과 피트니스 센터가 연초에 한 해 수익을 다 올리지 않을까 조심스럽게 예상한다. 그만큼 우리는 새해에 좋은 결심을 하고 시작하지만, 그것을 끝까지 실현하기는 무척 어렵다. 2월까지 갈 필요도 없이 1월 중순만 되어도 우리는 여전히 음식량을 줄이지 못하고 저축은커녕 한 달 월급을 받자마자 그 자리에서 다 써 버린다. 하지만 우리는 놀랍고 지속적인 삶의 변화를 위해 새해 첫날까지 기다릴 필요가 없다. 가장 큰 변화는 항상 감지하기 어렵게 조용히 일어나는 법이며, 여러분이 매일 아주 작은 변화를 실천하기 시작하면 당신의 삶에 큰 변화가 일어난다.

살다 보면 아주 가끔 전혀 예상하지 못한 재정적인 공급이 있지만, 분명한 것은 적은 돈이 모여 큰돈이 된다는 사실이다. 미국의 경우 신탁 기금TRUST FUND에 가입된 아기들은 수십 년 전에 조상이 빈털터리로 이 나라에 와서 마련한 재정 기금의 혜택을 받는다. 음악계에서는 "한 곡으로 크게 히트한 작곡가ONE HIT WONDERS"도 있지만 좋은 작곡가들은 대부분 하나의 특별한 곡이나 몇 곡을 알리기까지 수백, 수천 곡을 썼다. 그 수천 곡도 한 번에 한 줄씩, 한 번에 한 단어씩 나온 것이다. 나는 가능하다면 내 손가락을 '딱' 하고 튕겨서 여러분을 좋은 작곡가로 만들고 싶지만 그런 일은 일어나지 않으며 오직 여러분 스스로 작곡에 일어날 변화를 결정할 수 있다. 당신이 생각과 마음을 얼마나 열고 관점을 바꾸냐에 따라 당신의 작곡도 달라진다. 하루아침에 엄청난 변화가 생기는 것이 아니라 이런 작곡 원리를 날마다 사용할 때 조금씩 변화된다. 어느 날 우리가 작곡한 노래를 되돌아보면서 처음에는 꿈도 꾸지 못했던 놀라운 곡을 쓴 것을 보면서 매일의 작은 변화가 얼마나 큰 변화를 만들었는지 깨닫게 될 것이다. 이제 책을 마무리하면서 앞서 본 원칙에 재미있는 한 두 가지 생각을 덧붙여서 정리해보자.

1. 나쁜 지름길을 피하라

당신이 동시대에 가장 탁월한 기독교 음악을 만들었어도 세상이 그 음악을 들으려면 많은 과정을 거쳐야 한다. 세상의 모든 일이 그런 것처럼 좋은 작곡은 하룻밤 사이에 되는 것이 아니다. 좋은 결과를 내려면 스스로 성장하면서 개선하고 발전하는 시간이 필요하다. 좋은 곡을 빨리 만들고 싶은 유혹을 지름길의 유혹이라고 하는데 우리가 앞서 본 것처럼 좋은 작곡에 지름길은 없다. 하나님은 인내의 과정을 통해 우리의 성품을 바꾸시면서 우리의 마음이 주님의 지혜에 맞춰지도록 인도하신다. 빨리 좋은 곡을 만들고 싶은 지름길의 유혹은 하나님을 향한 신뢰와 인내의 부족을 의미한다.

2. 취미가 아닌 생활 방식으로 작곡하라

작곡은 세상에서 가장 정교하고 어려운 분야이며 취미 생활로 즐기기에 쉬운 영역이 아니다. 좋은 데모 녹음테이프를 만들어서 음반 출시 결정권이 있는 사람들이 듣게 하려면 타고난 재능, 수준 높은 작곡 교육, 열정적인 추진력, 탁월한 실력을 위해 많은 인내가 필요하다. 몇몇 타고난 사람들은 노력하지 않아도 잘하는 경우가 있지만, 취미로 하는 사람들은 뛰어난 수준까지 도달하기 어렵다. 당신은 작곡이라는 영역에 얼마나 진지한가? 좋은 작곡가가 되려고 어떤 대가라도 치를 각오가 있는가? 재미와 취미로 작곡하지 말고 삶 전체를 투자하라.

3. 자신의 작품을 보는 건전한 객관성을 개발하라.

예술은 생계를 유지하기 어려운 직업이며 특히 누군가가 당신의 노래를 듣고 부정적인 말을 할 때 느낄 거절감은 너무나 아프다. 이렇게 쉽게 마음의 상처를 받는다면 작곡은 정말 힘든 일이 될 것이다. 거절은 실제적이고 현실적인 문제다. 누구나 좋은 곡을 쓰기 전에 많은 습작을 만든다. 이 말은 한 곡의 좋은 노래 뒤에 많은 평범한, 좋지 않은 노래가 있다는 의미다. 그러므로 만일 당신이 작곡가로서 인정과 칭찬에 가치를 둔다면 금세 지칠 것이다. 음악계는 거절당한 노래로 가득 차 있으며 교회는 좋은 음악가들에게 합당하지 않은 대우를 하는 경우가 많다. 교회가 좋은 음악가에게도 냉정하다면 비전문 음악가들에게는 어떨까? 미리 우리가 만들 작품에 건강한 객관성을 유지하는 훈련을 하라. 이것이 작곡가로서 살아남아 성장하는 유일한 길이다. 누구든지 습작에서 시작한다. 노래 하나에 너무 메이지 말고 다음에 더 좋은 노래가 나올 것이라고 생각하라.

4. 음반 시장을 이해하라.

작곡 전문가가 되기는 쉽지 않다. 독창성, 재능, 좋은 데모 음반 같은 요소가 잘 갖추어져야 가능하다. 현재 음악 스타일과 시장의 분위기가 어떤지 이해할 때 작업의 방향을 바르게 잡을 수 있어야 당신의 수고에 맞는 좋은 결과를 낼 수 있다. 부지런히 음악 스타일과 시장의 분위기를 파악하지 않으면 그 게으름에 따른 결과를 볼 것이다. 가끔 음원 사이트를 둘러보면 현재 유행하는 음악 스타일을 파악할 수 있다.

5. 음반 시장을 초월하여 꿈꾸고, 생각하고, 계획하라.

음반 시장 이해는 필수적인 일이며, 더 중요한 것은 음반 시장을 초월해서 꿈꾸고 생각하고 계획하는 것이다. 한 음악 산업 경영자가 나에게 현재 우리에게 통용되는 것은 과거에는 전위적이었고 AVANTGARDE 미래에는 낡은 것이 된다고 했다. 지금 파격적이라고 느껴지는 것이 무엇이든 미래에는 중도적인 것$^{MIDDLE-OF-THE-ROAD 1}$과 주류^{MAINSTREAM}가 될 것이다. 만일 당신이 지금 느끼기에 약간 튄다고 생각한다면, 미래에는 당신이 주류가 될 가능성이 있다. 음악은 반복된다.

6. 지혜로운 독창성을 개발하라

비슷한 음악으로 가득 찬 세상에서 독창성은 제일 중요하다. 지혜로운 독창성은 음악으로 가득 찬 세상에서 사람들에게 알려질 기회를 얻는 매우 중요한 요소다. 실내장식에서 의도적으로 방 하나를 구별하는 "튀는 빨간 색$^{POP OF RED}$"을 사용한다. 이것은 단지 붉은색을 쓴다는 말이 아니라 실내장식에 독창성있는 요소를 넣는다는 의미다. 내가 아는 어떤 실내장식가가 말하길, 모든 공간은 시선을 끄는 요소가 한 가지는 있어야 한다고 조언했다. 노래도 마찬가지로 "튀는 색깔"이 필요하다. 즉, 곡을 차별화해서 청취자가 조금이라도 더 듣게 만드는 변칙적인 소절^{PHRASE}이나 코드가 있어야 한다.

7. 숨겨진 영감과 창의성을 발견하고 사용하라

결론적으로, 예수님을 구세주로 영접하는 것이 좋은 기독교 작곡가가 된다는 보장은 아니지만 매우 중요하다. 고린도전서 1:30은 예수님께서 "우리에게 지혜와 의로움과 거룩함과 구속함이 되셨다"라고 한다. 사람들이 우리가 만든 곡을 듣고 구원받은 예배자가 되며, 온 나라가 감동하여 주님을 믿는 곡을 쓰려면 예수님 안에 있는

---

1. 역자 주 - 이 표현은 음악 장르에서 특정 장르나 세대에 치우치지 않은 무난한 음악을 지칭할 때 자주 쓰이며 줄여서 MOR이라고 부른다. 비슷한 용어로는 '장년들 취향의 락 음악'이란 뜻으로 "Adult-oriented rock(AOR)"이 있다

하나님의 지혜를 의지하라. 바울이 골로새서 3장에서 말한 것처럼 주님과의 "숨겨진" 관계 속에 무궁무진한 영감과 창의성이 숨어 있다. 주님께 속한 기독교 작곡가는 모든 작곡의 소망과 꿈을 주님의 소망과 꿈에 연결해야 한다. 온 만물을 말씀으로 창조하신 하나님이 영감과 창의성 그 자체이시다. 기독교 작곡가라고 해서 작곡의 성공을 위한 더 높은 비결이나 편법은 없다. 우리는 그저 우리 안에 살아계신 하나님을 세상에 전하려고 작곡한다.

기다리거나 미루지 말라

지금 바로 피아노 앞에 앉거나 기타를 들고 펜과 종이, 스마트폰 또는 노트북을 꺼내서 작곡을 시작하라. 여러분이 믿음으로 발걸음을 내디디면 하나님께서 지금 여러분에게 필요한 창의성과 영감을 주실 것이다. 실패를 두려워하지 말라. 실패의 두려움은 영혼을 갉아먹는 암세포다. 그러나 종종 실패는 성공으로 가는 가장 빠른 길이다. 성공으로 가는 모든 길은 실수와 실패에서 시작한다. 우리는 시도하고 실패하고, 또 시도하고 또 실패하면서 배운다. 실패하는 작곡가와 성공적인 작곡가가 유일하게 다른 점은 성공하는 작곡가는 두려움을 이기고 작곡한다는 점이다. 두렵다고 물러서지 말고 어떻게든 작곡하라. 당당하게 당신의 영혼에 있는 이야기로 곡을 써라. 지금까지 수많은 곡이 있었지만, 세상은 여전히 당신의 곡을 기다린다. 이제 시작하자!

"두렵다고 물러서지 말고 어떻게든 작곡하라."

존 치섬 John Chisum

존 치섬은 노련한 기독교 음악 작곡가이자 기독교 음악 산업의 훌륭한 지도자다. 작곡가, 편곡가, 프로듀서, 그리고 음반을 내는 가수이며 세계적으로 각광 받은 빌과 글로리아 게이더, 단 모언, 트와일라 패리스, 폴 발로쉬, 그 외 많은 가수와 활동했다. 존과 아내 도나는 1983년 말에 교회를 섬기려고 내슈빌로 이사했지만, 교회의 문제로 짧은 기간 노숙을 하는 힘든 시간을 겪었다. 하지만 하나님은 몇 달 만에 존을 기독교 음악계의 전설인 빌 게이더 트리오의 구성원였던 게리 맥스패든에게 이끄셔서 무명의 작곡가였던 존을 당시에 막 설립된 게이더 회사의 아리오스 뮤직^{ARIOSE MUSIC}과 전속 계약을 맺도록 인도하셨다. 존은 게리 맥스패든과 빌 게이더의 멘토링을 받은 첫해에 약 20곡의 노래를 작곡했고 전국적으로 알려진 음악가들을 통해 녹음, 발표했으며 음반사는 존을 송 플러거^{SONG PLUGGER}1로 고용했다. 아리오스 뮤직은 1980년대 후반에 스타송 미디어와 합병되었으며 후에 거대 음반사인 캐피털 / EMI와 최종 합병되었다.

존은 스타 송 미디어에 부사장으로 승진해서 1992년까지 재직한 후 인테그리티 미디어의 작곡 및 저작권 디렉터가 되었다. 존은 인테그리티 미디어에서 18명의 전속 작곡가와 200여 나라에 배포된 200개 이상의 음반을 관리했다. 존은 직책을 맡으면서 동시에 400곡이 넘는 노래를 작곡, 녹음, 발매, 출판했고 수많은 톱 10곡을 발표했으며 음악 산업에서 물러나 잠시 휴식을 취한 후 지금은 세계를 다니며 예배 인도자와 신자들에게 예배와 작곡을 가르치며 격려하고 있다. 존의 노래는 많은 나라에서 찬송가에 준하는 노래로 인정받고 있다. 존은 예수님을 향한 열정과 창의성, 그리고 유머 감각으로 알려진 국제적으로 인정을 받는 예배 인도자 겸 강사다. 그는 10장 이상의 음반들을 녹음했고 공식적으로 400여 곡을 발표했으며 인테그리티 예배 학교, 워십 리더 잡지가 개최하는 전국 예배 인도자 컨퍼런스, 가스펠 음악 협회가 개최하는 예술 아카데미, 리전트 대학, 리버티 대학 등에서 실전 강사로 활동했다.

존은 사우스 앨라배마 대학에서 교양학 학사를, 버지니아주 린츠버그 대학과 리버티 대학에서 예배학 석사를 취득했으며 캘리포니아주 새크라멘토에 있는 3개의 대형 교회에서 임시 예배 목사를 역임했고 2010년부터 2014년까지 그랜드 래피즈에 있는 다문화 교

---

1. 20세기초 무렵 뉴욕의 파퓰러 송 악보 출판사가 고용한 선전 담당의 피아니스트를 말한다. 악보가게에서 고객이 악보를 고를 수 있도록 미리 피아노로 연주하여 고객의 선택을 돕는 역할이었다. 비교적 최근에는 히트송을 작곡하여 음반사와 가수에게 전달하는 전속 작곡가의 개념으로 사용되고 있다.

회에서 전임 예배 목사로 있었다. 존은 지난 30여 년 동안 예배 인도자와 목사로 지역교회에서 동시에 섬긴 풍부하고 값진 경험으로 밴드, 오케스트라, 싱어, 합창단, 그리고 음악 전문가들과 동역하는 탁월한 지식으로 수많은 교회가 폭넓은 음악 스타일을 활용하도록 격려했으며 존의 무던한 성품은 어려운 상황에도 좋은 연결고리를 놓았다. 사람들을 향한 존의 애정과 강력한 목양적 기량은 그와 동역하는 모든 사람이 가치 있는 존재임을 느끼도록 도와주었다.

2015년 초, 존과 도나는 내슈빌로 돌아와서 전 세계의 기독교 작곡가에게 자원을 공급하고 조언하며 격려할 내슈빌 기독교인 송라이터스NASHVILLE CHRISTIAN SONGWRITERS, NCS라는 회사를 설립했고 아주 짧은 시간에 미국과 캐나다를 비롯한 많은 국가의 다양한 사람이 가입하면서 성공적인 시작을 알렸고, 12시간 분량의 교육 영상과 소모임, 강연회, 캠프를 진행했다. 존과 NCS 팀은 전 세계의 기독교 작곡가들이 자신의 부르심을 성취하는 것을 도우려고 2017년 6월에 독점적인 월간 자료와 노래 분석, 마스터 클래스와 라이브 이벤트를 제공하는 고품질 기독교 작곡가 커뮤니티 NCS MEMBERSHIP을 시작했다.

(존 치섬이 호산나 인테그리티에서 발매한 앨범과 최신 개인 앨범)

저자 연락처 :

페이스북 - FACEBOOK.COM/NASHVILLECHRISTIANSONGWRITERS
트위터 - @NCSONGWRITERS1
PO Box 3341 BRENTWOOD, TN 37027 / 251-533-5960
JOHN@NASHVILLECHRISTIANSONGWRITERS.COM

Bethel Books

벧엘북 도서 안내

승리의 종말론

주님의 몸 된 교회는 계속해서
주님의 영광을 향해 성장하며 더욱 더 연합되어
이전에 보지 못한 하나님의 권능을 나타내고,
사탄은 결단코 이 세상을 장악하지 못할 것이다.
우리 주 예수 그리스도께서 만주의 주, 만왕의 왕으로서
모든 대적을 그 발아래 굴복시키실 것이다!

값 16,000원

요한계시록 주석 : 과거주의 견해

많은 성도들이 요한계시록을
신화적인 허구나 어려운 책으로 생각한다.
이 책은 요한계시록을 성경 본문의 문맥과
기록 당시의 정황을 통해 풀어 나간다.

값 11,000원

하나님의 사랑받는 자녀가 되다

이 책은 하나님 아버지의 가족으로 입양되어
양자 된 우리의 정체성을 입양을 통해 설명해 줍니다.
입양된 아이들이 경험하는 여러 가지 힘겨움은
우리가 하나님 나라에서 경험하는 것과 아주 비슷합니다.
이 책을 읽는 동안 여러분이 하나님 아버지의 사랑과
더 깊은 연결점을 발견하게 되기를 기도합니다.

값 7,500원

지성소

성령님께서 지금 이 시간 그리스도의 거룩한 신부들이
지성소로 들어가도록 부르신다.
하나님께서 가장 높고 은밀한 지성소에서
천국의 사명과 계시, 하나님의 뜻과 거룩한 부르심을 주시고
이것을 성취할 수 있는 권능을 주신다!

값 10,000원

벧엘북스 후원 안내

안녕하세요, 벧엘북스 대표 한성진 목사 인사드립니다. 한 권의 책이 출간되기 위해서는 저자와 출판사의 계약 로열티 지불, 번역, 교정, 교열, 내지 및 표지 디자인 같은 다양한 지출 요소가 존재합니다. 국내 출판 업계 불황과 함께 기독교 출판 역시 큰 어려움을 겪고 있습니다. 벧엘북스는 도서출판이 돈을 벌기 위한 "사업"이 아니라 하나님의 부르심에 따른 "사역"이라 믿고 진행하고 있습니다. 여러분의 관심과 후원으로 도서출판을 같이 세워 주십시오.

http://go.missionfund.org/bbooks

※ 월 2만 원 이상($20) 후원자께는 향후 출판되는 도서나 음악 앨범을 무료로 보내드립니다.

※ 신청해 주신 후, 미션 펀드에서 070 번호로 된 후원 확인 전화가 갑니다. 이 전화를 꼭 받아 주셔야 후원이 완료됩니다.

※ 자동이체는 일괄적으로 매월 25일에 이루어집니다.

※ 단회적 후원을 원하시는 분들은 **우리은행** 1002-336-011545(**한 성진**)계좌를 이용해 주십시오.

페이스북에서 "벧엘북스"를 검색해 주세요.

예배 사역 핵심 포인트

지 은 이 : 존 치섬
옮 긴 이 : 황성은, 박동원
표   지 : 조종민

펴 낸 이 : 한성진
펴 낸 날 : 2019년 11월 8일
펴 낸 곳 : 벧엘북스 Bethel Books
등   록 : 2008년 3월 19일 제 25100-2008-000011호

주   소 : 서울시 강남구 삼성2동 26-31, 한나빌딩 지층
웹사이트 : www.facebook.com/BBOOKS2 또는 벧엘북스로 검색
문   의 : 010-9897-4969
총   판 : 비전북 031-907-3928
I S B N : 978-89-94642-34-5

※ 잘못된 책은 교환해 드립니다.

※ 책 값은 뒷표지에 있습니다.